Institucionalização das contas de saúde no Brasil

UMA REVISÃO SOBRE MÉTODOS, DADOS E RELEVÂNCIA PARA AS POLÍTICAS PÚBLICAS

OCDE
POLÍTICAS MELHORES PARA UMA VIDA MELHOR

Este estudo foi publicado sob a responsabilidade do Secretário-Geral da OCDE. As opiniões expressas e os argumentos utilizados nesta publicação não refletem necessariamente a posição da Organização nem dos Governos de seus países membros.

Este documento e qualquer mapa aqui incluído foi elaborado sem prejuízo do status ou soberania de qualquer território, da delimitação de limites e fronteiras internacionais e do nome do território, cidade ou área.

Os dados estatísticos para Israel são fornecidos por e sob a responsabilidade das autoridades israelenses. O uso desses dados pela OCDE é feito sem prejuízo das colinas de Golã, Jerusalém Oriental e assentamentos israelenses na Cisjordânia, nos termos do direito internacional.

Por favor, cite esta publicação como:
OECD (2025), *Institucionalização das contas de saúde no Brasil: Uma revisão sobre métodos, dados e relevância para as políticas públicas*, OECD Publishing, Paris, https://doi.org/10.1787/76fe796c-pt.

ISBN 978-92-64-84920-4 (impresso)
ISBN 978-92-64-74393-9 (PDF)
ISBN 978-92-64-31878-6 (HTML)

Publicado originalmente pela OCDE sob o título: OECD (2025), *Institutionalising Health Accounts in Brazil: A Review of Methods, Data and Policy Relevance*, OECD Reviews of Health Systems, OECD Publishing, Paris, https://doi.org/10.1787/b6d405f9-en.

Fotografias: Capa © Focus Pix/Shutterstock.com.

As erratas das publicações da OCDE podem ser acessadas online em: https://www.oecd.org/en/publications/support/corrigenda.html.

Prefácio

Garantir que os sistemas de saúde ofereçam boa relação custo-benefício é essencial especialmente nos momentos em que enfrentam um aumento na demanda por cuidados de saúde e competem com outras prioridades por financiamento público escasso. Nesse contexto, as contas nacionais de saúde são uma ferramenta poderosa para rastrear e monitorar de maneira sistemática os recursos financeiros dedicados à saúde. Elas podem ajudar a verificar se os fundos são alocados às áreas de gastos onde geram mais valor. A OCDE tem sido líder no desenvolvimento e na promoção do uso de contas de saúde, bem como na sua padronização para garantir a comparabilidade internacional das estimativas de gastos em saúde.

Em 2023, após duas rodadas anteriores de produção de contas de saúde na última década, o Ministério da Saúde do Brasil comprometeu-se com a institucionalização a elaboração anual de contas de saúde e, assim, liberar todo o potencial dessa ferramenta para melhor informar a tomada de decisões sobre políticas de saúde no país. O Secretariado da OCDE está apoiando o Ministério da Saúde nesse esforço e o presente relatório estuda a nova iniciativa brasileira, a fim de garantir que esteja alinhada com os padrões internacionais. Ele também fornece recomendações sobre a melhor forma de institucionalizar a elaboração regular de contas de saúde e disseminar seus resultados para maior impacto político. Finalmente, o relatório destaca oportunidades para expandir o trabalho atual no futuro para atender às necessidades de informação no Brasil.

Os autores deste relatório são Michael Mueller, José Manuel Jerez Pombo e David Morgan, da Divisão de Saúde da OCDE. A elaboração do documento e o projeto mais amplo do qual ele faz parte ficaram sob responsabilidade de Michael Mueller. Este relatório foi viabilizado graças ao apoio financeiro do Ministério da Saúde no Brasil. Ele foi embasado em discussões aprofundadas com a equipe de contas de saúde do Ministério da Saúde no Brasil e com os participantes de uma oficina realizada em Brasília em junho de 2024, além de se basear no manual brasileiro de Contas Nacionais de Saúde, elaborado pela equipe técnica do ministério e ao qual se fará referência ao longo do texto. As recomendações incluídas no presente documento também são orientadas pelas conclusões de um relatório complementar sobre as melhores práticas na institucionalização de contas de saúde com base na experiência de 13 países da OCDE.

Os autores gostariam de agradecer especialmente a Danilo Oliveira Imbimbo, Pedro Buril Saraiva Lins, Gabriel Coelho Squeff, Gustavo Laine Araújo de Oliveira, Anderson Jose Rocha da Silva, Luciana Simões Camara Leão e Erika Santos de Aragão (Ministério da Saúde, Brasil), Blenda Leite (CONASEMS), Antonio Carlos Rosa de Oliveira Junior (CONASS) pelas discussões e sugestões frutíferas sobre os rumos deste relatório. Também gostariam de agradecer a Talita Vieira Antonio (Ministério da Saúde, Brasil) e Felipe Pinheiro Mello (Ministério das Relações Exteriores, Brasil) pelo apoio administrativo. Na OCDE, os autores gostariam de agradecer a Francesca Colombo e Frederico Guanais, por suas sugestões e apoio, e a Aleksandra Bogusz, Line Hansen, Guillaume Haquin, Sahnur Soykan e Isabelle Vallard pelo apoio administrativo. Lucy Hulett forneceu suporte essencial no processo de publicação.

Índice

FIGURAS

TABELAS

Siglas e abreviações

ANS	Agência Nacional de Saúde Suplementar
ANVISA	Agência Nacional de Vigilância Sanitária
ASPS	Ações e Serviços Públicos de Saúde
CNES	Cadastro Nacional de Estabelecimentos de Saúde
CONACEMS	Conselho Nacional de Secretarias Municipais de Saúde
CONASS	Conselho Nacional de Secretários de Saúde
DIOPS	Documento de Informações Periódicas das Operadoras de Planos de Assistência à Saúde
FIOCRUZ	Fundação Oswaldo Cruz
FAEC	Fundo de Ações Estratégicas e Compensação
FNS	Fundo Nacional de Saúde
FUNASA	Fundação Nacional de Saúde
IBGE	Instituto Brasileiro de Geografia e Estatística
IPEA	Instituto de Pesquisa Econômica Aplicada
IRPF/IRPJ	Imposto de Renda Pessoa Física/Pessoa Jurídica
MAC	Assistência de Média e Alta Complexidade
MEC	Ministério da Educação
MS	Ministério da Saúde
PAB	Piso de Atenção Básica
PAIC	Pesquisa Anual da Indústria da Construção
PIA	Pesquisa Industrial Anual
PMC	Pesquisa Mensal de Comércio
PNAD-C	Pesquisa Nacional por Amostra de Domicílios Contínua
POF	Pesquisa de Orçamentos Familiares
SIA	Sistema de Informações Ambulatoriais
SIAFI	Sistema Integrado de Administração Financeira do Governo Federal
SIGA Brasil	Sistema de Informações Orçamentárias Gerenciais Avançadas, Brasil
SIGTAP	Sistema de Gerenciamento da Tabela de Procedimentos do SUS
SIOPS	Sistema de Informações sobre Orçamentos Públicos em Saúde
SIP	Sistema de Informações de Produtos
SIH	Sistema de Informações Hospitalares
SISAB	Sistema de Informação em Saúde para a Atenção Básica
SI-PNI	Sistema de Informação do Programa Nacional de Imunizações
TISS	Padrão de Troca de Informações da Saúde Suplementar

Sumário executivo

O monitoramento sistemático dos recursos financeiros destinados à área da saúde é essencial na avaliação do desempenho dos sistemas de saúde, e quase todos os países da OCDE já institucionalizaram a elaboração anual das contas nacionais de saúde como instrumento fundamental para mensurar os gastos do setor. O Brasil possui um longo histórico na elaboração de contas-satélites de saúde para mensurar a contribuição do setor à economia como um todo e, ao longo da última década, também conduziu projetos-piloto de implementação das contas nacionais de saúde, com o objetivo de oferecer uma visão mais específica e aprofundada sobre os gastos e o financiamento da área. No entanto, embora dois relatórios significativos tenham sido publicados, esses estudos anteriores não resultaram em uma institucionalização completa das contas de saúde no Brasil.

Em 2023, o Ministério da Saúde do Brasil decidiu retomar este trabalho com a intenção de institucionalizar totalmente a elaboração anual de contas de saúde para liberar seu potencial analítico. O Secretariado da OCDE está apoiando o ministério nesse esforço e, com este relatório, estuda a nova iniciativa de institucionalizar as contas de saúde no Brasil, a fim de garantir que esteja alinhada com os padrões internacionais. O presente documento também fornece recomendações sobre a melhor forma de institucionalizar a elaboração regular de contas de saúde e disseminar seus resultados e indica como o trabalho atual poderá ser expandido no futuro.

Em termos de avaliação global, a OCDE conclui que:

- A metodologia proposta para calcular os gastos em saúde no Brasil está suficientemente alinhada aos padrões e às práticas internacionais para garantir a comparabilidade internacional.
- Todos os principais regimes de financiamento foram identificados e, para cada um deles, foram definidos critérios de distribuição adequados que permitem alocar os gastos em saúde entre os diferentes serviços do setor.

Além disso, verificou-se que o nível de detalhamento que o Brasil consegue fornecer sob a perspectiva dos serviços atende, de maneira geral, aos requisitos internacionais de divulgação de informações e, em alguns casos, vai além do que vários países da OCDE conseguem apresentar atualmente. No entanto, existem algumas lacunas de dados e – pensando nas próximas elaborações das contas de saúde – recomenda-se que o Brasil continue buscando formas de suprir essas ausências:

- Não foi possível identificar dados sobre gastos de alguns regimes de financiamento do governo.
- Alguns tipos de regimes de financiamento, embora de menor importância no Brasil, estão completamente ausentes.

Por fim, no que se refere às técnicas de estimativa utilizadas, embora haja confiança na metodologia como um todo, seria recomendável um estudo ou aprimoramento adicional em alguns casos. Duas áreas importantes são observadas:

- A metodologia de estimativa do desembolso direto total e a alocação ao nível funcional.

- A elaboração dos critérios de distribuição para gastos do SUS parece ser metodologicamente sólida em princípio, mas é necessário aprofundar a investigação para verificar até que ponto a base de dados utilizada (SIGTAP) reflete com precisão os preços dos diferentes produtos e serviços, realizando atualizações quando necessário.

Um componente essencial da nova iniciativa para institucionalizar as contas de saúde é documentar de maneira abrangente o processo de elaboração, as fontes de dados utilizadas e as metodologias aplicadas para obter as estimativas de gastos em saúde. Acredita-se que o novo manual de contas de saúde, elaborado pela equipe brasileira durante a apresentação dos dados referentes ao ano de 2022, representa um passo importante rumo à documentação completa deste trabalho. Em geral, a estrutura e o conteúdo do manual brasileiro são considerados robustos, fornecendo informações metodológicas essenciais para pessoas que desejam entender melhor como os resultados são obtidos. Nas áreas que requerem aprimoramento, pode haver espaço para detalhar melhor como os “totais de controle” de alto nível e os critérios de distribuição são definidos na prática, incluindo alguns exemplos específicos.

A inserção dos novos resultados das contas de saúde de 2022 em um contexto internacional revela uma série de descobertas e especificidades importantes do sistema de saúde brasileiro:

- Com 45% do total de gastos em saúde, a parcela de financiamento dos regimes compulsórios no Brasil é muito menor do que nos países da OCDE (75%). Ao mesmo tempo, o papel do plano de saúde voluntário (27% do gasto total) é muito mais expressivo do que em qualquer país da OCDE. Em média, esse regime representa apenas cerca de 5% do total de gastos em saúde na OCDE. A parcela do desembolso direto no Brasil (27%) está acima da média da OCDE (19%).
- A parcela dos gastos em saúde alocada para cuidados curativos ambulatoriais é maior no Brasil do que na OCDE, enquanto a parcela de serviços de internação é menor. O amplo uso de serviços laboratoriais e de imagem no Brasil (que representam 6% do gasto total com saúde cada) está contribuindo para a alta parcela de pacientes ambulatoriais. O Brasil destinou cerca de 19% de seus recursos financeiros a serviços básicos de saúde, uma medida indireta usada para comparar os gastos com atenção primária internacionalmente. Esse número foi semelhante à média da OCDE. Por outro lado, o Brasil destinou apenas 22% do gasto total com saúde à internação hospitalar. Além disso, a proporção geral do gasto total com saúde dedicada à administração do sistema de saúde no Brasil (6%) está acima da maioria dos outros países da OCDE, refletindo parcialmente as complexidades conhecidas da gestão do SUS, mas também os custos de gestão do extenso setor privado de saúde no país.
- Ao analisar a cobertura financeira dos custos de saúde no Brasil, uma descoberta que se destaca é a diferença substancial na cobertura entre produtos e serviços. Embora as despesas globais com cuidados ambulatoriais generalistas sejam, em sua maioria, cobertos por regimes compulsórios (85%), apenas cerca de 10% de todos os custos farmacêuticos são cobertos pelo Estado. Isso pode apontar para algumas lacunas importantes na cesta de benefícios do SUS, mas também para problemas no acesso efetivo a itens que são cobertos publicamente.

É necessária uma institucionalização completa da elaboração das contas de saúde para obter esse tipo de informação anualmente. Com base nas melhores práticas dos países da OCDE, foram identificados diversos fatores que facilitam essa institucionalização.

- É essencial criar uma equipe exclusiva de contas nacionais de saúde com pessoal suficiente e combinar de maneira adequada as habilidades e o acesso a uma infraestrutura de TI adequada.
- Embora não seja um requisito obrigatório, dispor de um mandato legal para a elaboração dessas contas pode, em alguns casos, acelerar o processo e garantir sua realização de forma regular e sustentável.
- Estabelecer e manter boas relações com os provedores de dados e demais partes interessadas é crucial. Além disso, a criação de um grupo de especialistas para orientar a metodologia de

produção e a interpretação dos resultados tem se mostrado bastante útil em vários países da OCDE.

- O processo técnico de elaboração deve ser o mais padronizado possível, entendendo-se como um ciclo contínuo de aprimoramento, impulsionado pelo desejo de melhorar continuamente a metodologia de contas de saúde incorporando novas fontes de dados e informações sempre que disponíveis.
- A garantia de qualidade em todas as etapas do processo de elaboração e dos resultados, além de uma documentação abrangente dos métodos, também é importante.

Muitos desses elementos já estão alinhados no Brasil, e o país também pode se beneficiar do forte apoio de alto nível para esse fluxo de trabalho.

Para que os resultados das contas de saúde informem a formulação de políticas com mais eficiência, o Brasil deve fortalecer sua estratégia de disseminação e desenvolver um plano de disseminação, incluindo um conjunto de resultados para diferentes usuários, a fim de maximizar o alcance e o impacto. Isso deve incluir desde comunicados à imprensa e tabelas de dados voltadas ao público geral até análises mais aprofundadas para usuários informados. A organização de eventos de alto nível para promover a disseminação de resultados e contextualizá-los no debate mais amplo das políticas de saúde eleva a visibilidade dos dados das contas de saúde e aumenta as chances de que essas informações sejam utilizadas efetivamente na tomada de decisão. A publicação de metadados e relatórios metodológicos pode conferir maior legitimidade ao trabalho e servir como forma de promovê-lo junto à comunidade de pesquisa.

A publicação do manual brasileiro de contas nacionais de saúde e a divulgação dos novos resultados de 2022 são marcos importantes para uma institucionalização completa das contas de saúde no Brasil, mas ainda há espaço para mais avanços. Primeiramente, para aumentar a relevância e o potencial de uso dos resultados, é necessário investir na melhoria da pontualidade das estimativas. Além disso, há um potencial de análise ainda inexplorado no Brasil, e esforços devem ser feitos para ampliar a posição atual de implementação das contas de saúde. Isso inclui a alocação dos gastos em saúde aos prestadores de serviços, a identificação das fontes de receita dos diversos regimes de financiamento e a investigação da viabilidade de dividir os gastos por regiões ou estados.

1 Introdução

Com o envelhecimento das populações e o aumento da renda, projeta-se que os gastos em saúde devem aumentar nas próximas décadas. Isto torna vital o acompanhamento sistemático dos recursos financeiros mobilizados para atender à crescente demanda por cuidados de saúde, a fim de melhor informar a formulação de políticas. O Secretariado da OCDE está a apoiar o Ministério da Saúde do Brasil na implementação e institucionalização das contas de saúde – uma ferramenta poderosa para facilitar o rastreamento e o monitoramento dos gastos em saúde. Este capítulo fornece informações básicas sobre esta colaboração e introduz a restante desta publicação.

Com o envelhecimento da população e o aumento associado de condições crônicas, os desenvolvimentos tecnológicos no tratamento e na prestação de serviços, e a demanda cada vez maior por cuidados à medida que a renda aumenta, os recursos alocados à saúde têm crescido constantemente nas últimas décadas em países de alta, média e baixa renda, e espera-se, de maneira geral, que esse crescimento continue nas próximas décadas. Atualmente, em toda a OCDE, a despesa com saúde representa normalmente mais de 9% do Produto Interno Bruto (PIB) ou cerca de 15% do orçamento público de um país (OECD, 2024[1]). Com base nas tendências anteriores à pandemia, os gastos em saúde nos países da OCDE devem ultrapassar, em média, 11% do PIB até 2040 (OECD, 2024[2]). No entanto, para a tomada de decisões informadas em políticas de saúde, é essencial tornar os gastos em saúde transparentes e compreender melhor como esses recursos financeiros significativos são mobilizados, para quais finalidades são utilizados, se eles são gastos de maneira eficiente e equitativa e se atendem adequadamente às demandas da população. Por essa razão, os referidos gastos devem ser monitorados sistematicamente ao longo do tempo, de preferência usando uma estrutura global que aplique conceitos estabelecidos e padrões internacionais para também facilitar comparações entre países.

Vários países têm monitorado os gastos em saúde por meio de seus sistemas nacionais, com registros em alguns casos que se estendem por 50 anos ou mais. Com base nesses esforços nacionais, ao longo dos últimos 25 anos, a Organização para a Cooperação e o Desenvolvimento Econômico (OCDE), a Organização Mundial da Saúde (OMS) e outras organizações internacionais têm trabalhado para desenvolver estruturas harmonizadas com a finalidade de definir e categorizar os gastos em saúde. A colaboração teve como objetivo tanto facilitar as comparações internacionais quanto padronizar os esforços nacionais para monitorar esses gastos. Em 2011, os empenhos colaborativos culminaram no lançamento do *A System of Health Accounts 2011* (SHA 2011), que se tornou o padrão universal para as contas de saúde (OECD/WHO/Eurostat, 2011[3]). A adoção do SHA 2011 aumentou bastante a capacidade dos países da OCDE e de muitas outras nações em todo o mundo de monitorar e analisar sistematicamente os gastos em saúde, apoiando a formulação de políticas informadas e as comparações internacionais de saúde.

Considerando que o Brasil destina uma parte considerável de seus recursos à saúde, o país reconheceu a necessidade de monitorar os gastos na área de maneira estruturada. Esse entendimento levou à implementação das contas-satélites de saúde (CSS), focadas sobretudo no lado produtivo de tal setor. (IBGE, 2022[4]). As CSSs avaliam a contribuição do setor para a economia em termos de valor agregado e emprego, oferecendo uma visão detalhada do impacto econômico das atividades relacionadas à saúde. Além das CSSs, o Brasil também realizou diversas tentativas anteriores de institucionalizar as Contas Nacionais de Saúde (CNS) específicas do setor. Esses esforços tinham o objetivo de oferecer constatações mais detalhadas e direcionadas sobre os gastos e o financiamento da saúde dentro do Brasil. Na última década, foram publicados dois relatórios significativos no âmbito destas iniciativas, culminando na produção de dois conjuntos de resultados preliminares (Ministério da Saúde, Fiocruz, 2018[5]; Brasil. Ministério da Saúde, 2022[6]).

Apesar dos empenhos, as iniciativas para elaborar contas de saúde no Brasil foram, em grande parte, baseadas em "projetos" isolados, em vez de fazerem parte de um esforço coordenado para institucionalizar totalmente esse sistema de contabilidade. Como resultado, os resultados das implementações-piloto não foram amplamente divulgados, limitando o impacto na formulação de políticas. A falta de uma abordagem sistemática significava que os dados valiosos gerados não eram integrados de maneira precisa aos processos de tomada de decisão das autoridades de saúde.

Além disso, o processo de elaboração, incluindo as metodologias aplicadas, não foi documentado de modo satisfatório. A falta da documentação completa dificultou a capacidade de manter e replicar com frequência a elaboração das contas de saúde. Sem procedimentos padronizados e diretrizes claras, a continuidade e a sustentabilidade da elaboração das contas de saúde foram comprometidas. Com isso, os possíveis benefícios de ter um sistema de contas de saúde robusto e institucionalizado não foram totalmente aproveitados, destacando a necessidade de uma abordagem mais estruturada e coordenada para o monitoramento dos gastos em saúde no Brasil.

Portanto, a fim de liberar todo o potencial das contas de saúde para informar a tomada de decisões de políticas no setor, o Ministério da Saúde do Brasil decidiu retomar esse trabalho com a intenção de institucionalizar totalmente a elaboração anual de estimativas de gastos em saúde em um nível mais granular, respeitando os padrões internacionais. Este compromisso renovado visa não apenas apresentar resultados precisos e abrangentes, mas também fornecer documentação detalhada ou um "manual" sobre as fontes de dados e metodologias empregadas. Espera-se também que a documentação aumente a transparência e a legitimidade dos resultados, promovendo maior confiança entre as partes interessadas. Além disso, contar com procedimentos padronizados e diretrizes claras contribuirá para garantir a continuidade e a sustentabilidade da elaboração das contas de saúde, mesmo diante de mudanças na equipe. Ao adotar uma abordagem mais estruturada e coordenada, o ministério espera colher todos os benefícios de um sistema de contas de saúde robusto e institucionalizado, o que, em última análise, leva a decisões de políticas de saúde mais informadas e eficientes.

O Secretariado da OCDE tem apoiado o Ministério da Saúde em seus esforços para aprimorar a institucionalização das Contas Nacionais de Saúde no Brasil. Como parte dessa cooperação, o Secretariado da OCDE revisou a metodologia atual e proposta para estimar os gastos em saúde (conforme descrito no manual brasileiro) e forneceu um conjunto de recomendações para melhor alinhá-la com os padrões atuais da OCDE no futuro. Ele também avalia a organização e a estrutura de governança do processo de elaboração e sugere maneiras de fortalecer a estratégia de publicação e disseminação, com o objetivo de gerar maior impacto político dos resultados das contas de saúde. Essa avaliação e as recomendações constituem o conteúdo deste relatório. Em um relatório distinto, porém relacionado, o Secretariado da OCDE analisa e resume as melhores práticas na institucionalização das contas de saúde com base na experiência de mais de uma dúzia de países da OCDE (OECD, 2025[7]).

O restante deste documento está estruturado da seguinte forma: O Capítulo 2 apresenta uma introdução aos principais conceitos de contas de saúde e resume o trabalho existente até o momento neste domínio no Brasil. No Capítulo 3, algumas características principais do sistema de saúde brasileiro e seu ambiente de dados de saúde são apresentadas para compreender completamente a discussão técnica sobre como os gastos em saúde devem ser estimados. O Capítulo 4 discute as fontes de dados propostas e a metodologia planejada para calcular estimativas de gastos em saúde, conforme descrito no "manual" do Ministério da Saúde do Brasil.[1] O Capítulo 5 analisa os dados mais recentes sobre gastos em saúde no Brasil (com base na nova metodologia) e os coloca em um contexto internacional. O Capítulo 6 destaca o potencial de aplicações adicionais para análise de contas de saúde no Brasil que poderiam ser exploradas no futuro, por exemplo, um detalhamento regional dos gastos em saúde. Por fim, o Capítulo 7 desenvolve algumas recomendações sobre como o Brasil deve institucionalizar esse trabalho e discute algumas estratégias de disseminação para aumentar o impacto das contas de saúde, com a finalidade de informar a formulação de políticas, com base nas melhores práticas de outros países da OCDE.

Referências

Brasil. Ministério da Saúde (2022), *Contas de saúde na perspectiva da contabilidade internacional : conta SHA para o Brasil, 2015 a 2019*, Ipea, https://doi.org/10.38116/978-65-5635-028-8. [6]

IBGE (ed.) (2022), *Conta-satélite de saúde : Brasil : 2010-2019*, https://biblioteca.ibge.gov.br/visualizacao/livros/liv101928_informativo.pdf. [4]

Ministério da Saúde, Fiocruz (2018), *Contas do SUS na perspectiva da contabilidade internacional: Brasil, 2010-2014*, Ministério da Saúde; Fiocruz, https://bvsms.saude.gov.br/bvs/publicacoes/contas_SUS_perspectiva_contabilidade_internacional_2010_2014.pdf. [5]

OECD (2025), *Boas práticas na institucionalização das contas de saúde: Lições das experiências de 13 países da OCDE*, OECD Publishing, Paris, https://doi.org/10.1787/2993093d-pt. [7]

OECD (2024), *Fiscal Sustainability of Health Systems: How to Finance More Resilient Health Systems When Money Is Tight?*, OECD Publishing, Paris, https://doi.org/10.1787/880f3195-en. [2]

OECD (2024), *Latest health spending trends: Navigating beyond the recent crises*, OECD Publishing, Paris, https://www.oecd.org/en/publications/latest-health-spending-trends_df0bb1ba-en.html. [1]

OECD/WHO/Eurostat (2011), *A System of Health Accounts: 2011 Edition*, OECD Publishing, Paris, https://doi.org/10.1787/9789264116016-en. [3]

Notas

[1] A avaliação foi feita com base na versão do manual disponível no final de janeiro de 2025. Quaisquer modificações que possam ter ocorrido após esse período não são refletidas na avaliação da OCDE.

2 Contas nacionais de saúde – uma ferramenta para monitorar os gastos em saúde

As contas nacionais de saúde são uma ferramenta poderosa para acompanhar de forma sistemática os gastos em saúde e embasar a tomada de decisões em políticas públicas na área. Este capítulo fornece algumas informações básicas sobre a história das contas de saúde nos países da OCDE, incluindo o desenvolvimento do Sistema de Contas de Saúde como o padrão global de contas de saúde. Ele também introduz os principais conceitos desta estrutura contábil internacional construída em torno dos três eixos de financiamento da saúde, uso de serviços e prestação de cuidados de saúde. Por fim, este capítulo discute a história das contas de saúde no Brasil nas últimas décadas, incluindo o desenvolvimento das contas-satélites de saúde e as duas publicações anteriores utilizando o Sistema de Contas de Saúde.

Os países podem aplicar uma série de abordagens para monitorar os gastos em saúde, desde a análise orçamentária básica até o uso de estruturas mais abrangentes e sistemáticas. Em sua forma mais simples, o acompanhamento dos gastos em saúde pode envolver o monitoramento dos orçamentos executados e das alocações registradas nos sistemas financeiros dos governos federal, estaduais e municipais ou dos fundos públicos de custeio da assistência médica. No entanto, tal abordagem é limitada, pois capta apenas uma parcela do total de gastos em saúde, excluindo o que, em muitos países, pode representar um volume significativo de despesas privadas e, nos países de baixa renda (PBRs), o papel relevante dos doadores externos no financiamento dos cuidados de saúde. Além disso, os sistemas padrão de classificação orçamentária podem não ter o nível de detalhes necessário para apresentar uma representação completa de onde os fundos estão sendo originados e de que forma são utilizados.

Outra opção aplicada em vários países tem sido o uso de contas-satélites de saúde (CSS). De modo geral, essas subcontas são integradas à estrutura do Sistema de Contas Nacionais e se concentram em fornecer informações sobre a contribuição do setor da saúde no contexto da economia geral, em termos de valor agregado e emprego. Entretanto, costuma faltar na CSS uma divisão entre os diferentes financiadores e uma lista detalhada dos produtos e serviços necessários para a análise de tal área.

Por fim, desde a década de 1970, um número cada vez maior de países vem monitorando todos os gastos em saúde de maneira sistemática usando contas nacionais de saúde (CNS) específicas para cada setor, com detalhamentos dos gastos em saúde normalmente feitos simultaneamente nas dimensões de financiamento, provisão e/ou atividade (ou serviço). Países como a Austrália, a França, os Países Baixos ou os Estados Unidos têm um longo histórico de elaboração de estimativas de gastos em saúde, em alguns casos com registros que remontam a mais de meio século.

2.1. Histórico das contas internacionais de saúde

Desde meados da década de 1980, em resposta a esses esforços nacionais, organizações internacionais como a OCDE começaram a coletar e publicar sistematicamente dados sobre gastos em saúde de uma forma mais padronizada e comparável em âmbito internacional. Isso lançou as bases para o desenvolvimento de *A System of Health Accounts* (OECD, 2000[1]), publicado pela OCDE em 2000, que estabeleceu padrões importantes para as contas nacionais de saúde, adotando diversos conceitos de sistemas estatísticos econômicos já existentes, como o Sistema de Contas Nacionais. A partir desse marco inicial e como complemento a ele, a Organização Mundial da Saúde, o Banco Mundial e a Agência dos Estados Unidos para o Desenvolvimento Internacional lançaram conjuntamente, em 2003, um guia com aplicações específicas para a elaboração de Contas Nacionais de Saúde em países de baixa e média renda (World Bank/WHO/USAID, 2003[2]).

Em 2011, após um processo de consulta de quatro anos, a OCDE, a OMS e o Gabinete de Estatísticas da União Europeia (Eurostat) publicaram em conjunto *A System of Health Accounts 2011* (SHA 2011) (OECD/WHO/Eurostat, 2011[3]). Desde então, o SHA 2011 se tornou o padrão ouro para as contas de saúde em todo o mundo e é amplamente utilizado em países de alta, média e baixa renda para rastrear os gastos em saúde de maneira organizada.

Desde 2015, o *SHA 2011* serve como base metodológica para a coleta de dados sobre despesas e financiamento da saúde, gerida em conjunto pela OCDE, OMS e Eurostat – o "Questionário Conjunto de Contas de Saúde" (QCCS). A rodada de coleta de dados de 2024 contou com a participação de 50 países, que enviaram dados detalhados sobre os gastos em saúde em todas as dimensões.

2.1.1. A System of Health Accounts 2011

O *SHA 2011* fornece uma definição aplicável internacionalmente de despesas gerais com saúde e categorias desagregadas de gastos em saúde. A estrutura define a *despesa corrente com saúde* como o total principal para comparações internacionais de gastos em saúde. Ela estabelece diretrizes claras sobre a inclusão de atividades, independentemente do tipo de financiamento ou prestação, dentro dos limites dos cuidados de saúde, de acordo com os seguintes critérios:

- A intenção principal é melhorar, manter ou prevenir a deterioração do estado de saúde de indivíduos, grupos da população ou da população residente.
- São necessários conhecimentos e habilidades médicas ou de cuidados de saúde qualificados para a realização da atividade, ou ela pode ser executada sob a supervisão de profissionais que detenham esses conhecimentos.[1]
- O consumo é para uso final de produtos e serviços de saúde e há uma transação, o que significa que o fornecimento de produtos e a prestação de serviços são acompanhados de um fluxo de recursos financeiros ou outras formas de compensação.

O *SHA 2011* distribui todas as despesas com saúde tendo como base uma abordagem triaxial que abrange as dimensões de financiamento da saúde (HF), serviços de saúde (HC) e prestação de cuidados de saúde (HP)[2], construídas em torno da identidade conceitual de que os produtos e serviços de saúde consumidos precisam ser fornecidos e financiados (Figura 2.1). A estrutura também desenvolve as subcategorias das três dimensões principais de HF, HC e HP, além de propor aplicações para análises adicionais além da estrutura principal.

No nível mais alto de agregação, a classificação dos regimes de financiamento (HF) distingue entre gastos por regimes onde a cobertura é automática (por exemplo, com base em direitos vinculados à residência, como no NHS inglês) ou compulsória (por exemplo, os regimes de plano de saúde social, como existem na França ou na Alemanha) e os regimes em que a cobertura ou a participação é voluntária, além dos pagamentos diretos.

A classificação dos serviços de saúde (HC) faz a diferenciação entre os objetivos da assistência, como cuidados curativos, reabilitativos e de longo prazo, serviços auxiliares, saúde pública e cuidados preventivos, além dos serviços administrativos. Também é feita uma distinção com base no modo de prestação (por exemplo, cuidados hospitalares e cuidados ambulatoriais).

A classificação de prestadores (HP) elenca de maneira abrangente todas as instalações e setores possíveis onde os cuidados de saúde podem ser prestados aos pacientes, incluindo hospitais, instalações ambulatoriais e até mesmo residências — em circunstâncias excepcionais. As categorias definidas na classificação do SHA 2011 correspondente são completas e, portanto, devem ser aplicáveis a todos os sistemas de saúde.

Figura 2.1. Estrutura contábil principal e ampliada do SHA 2011

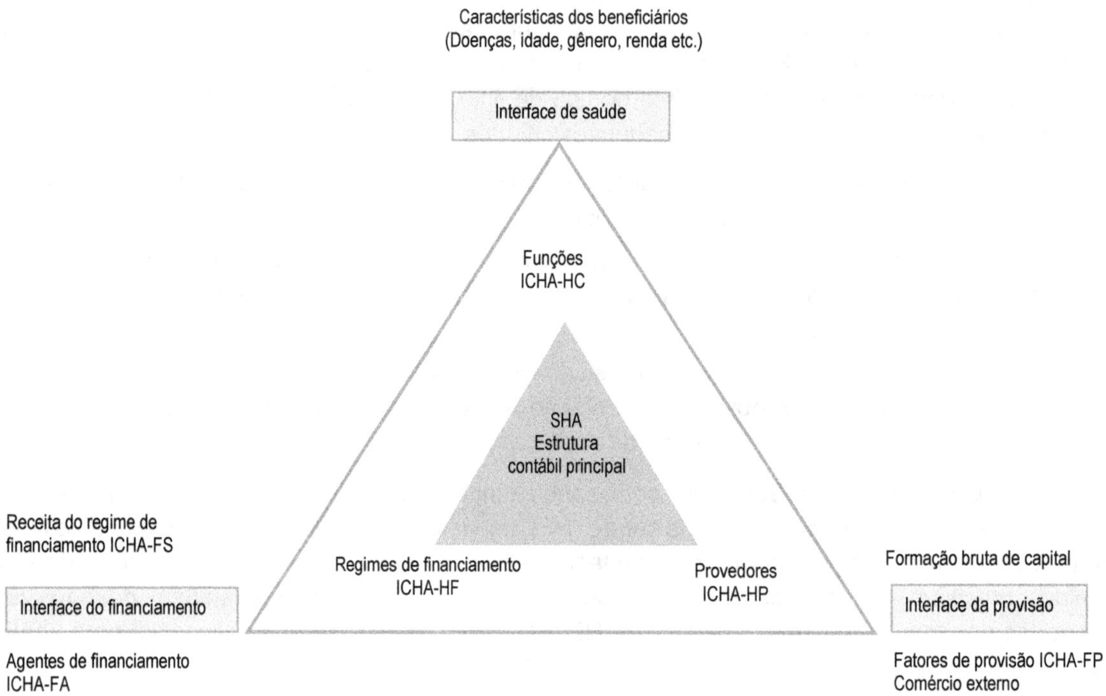

Fonte: OECD/WHO/Eurostat (2011[3]), *A System of Health Accounts: 2011 Edition*, https://doi.org/10.1787/9789264116016-en.

A solicitação anual de dados do QCCS é baseada em uma série de tabelas bidimensionais que combinam as diversas classificações propostas no SHA 2011, e quase todos os países da OCDE podem enviar as tabelas HFxHC, HFxHP e HCxHP com informações detalhadas de diferentes categorias de gastos em saúde.

Além da estrutura contábil principal do SHA, a interface de financiamento merece atenção especial, pois ela esclarece como os vários regimes de financiamento (HF) — definidos como o "conjunto de regras" por meio do qual as pessoas obtêm serviços de saúde — mobilizam as *receitas* (FS) necessárias para financiar esses serviços e quais entidades — agentes financeiros (FA) — gerenciam e implementam os diferentes regimes de financiamento. A Figura 2.2 esclarece a relação entre as diversas dimensões de financiamento. Analisar a composição das receitas dos diversos regimes de financiamento é importante sobretudo para se ter uma ideia da participação pública total nos gastos em saúde, uma vez que monitora transferências e subsídios para outros regimes de financiamento não governamentais. Cerca de três quartos de todos os países da OCDE fornecem dados sobre os tipos distintos de receitas para seus regimes de financiamento existentes como parte do envio anual de dados ao QCCS.

Figura 2.2. Uma representação gráfica da estrutura de financiamento do SHA 2011

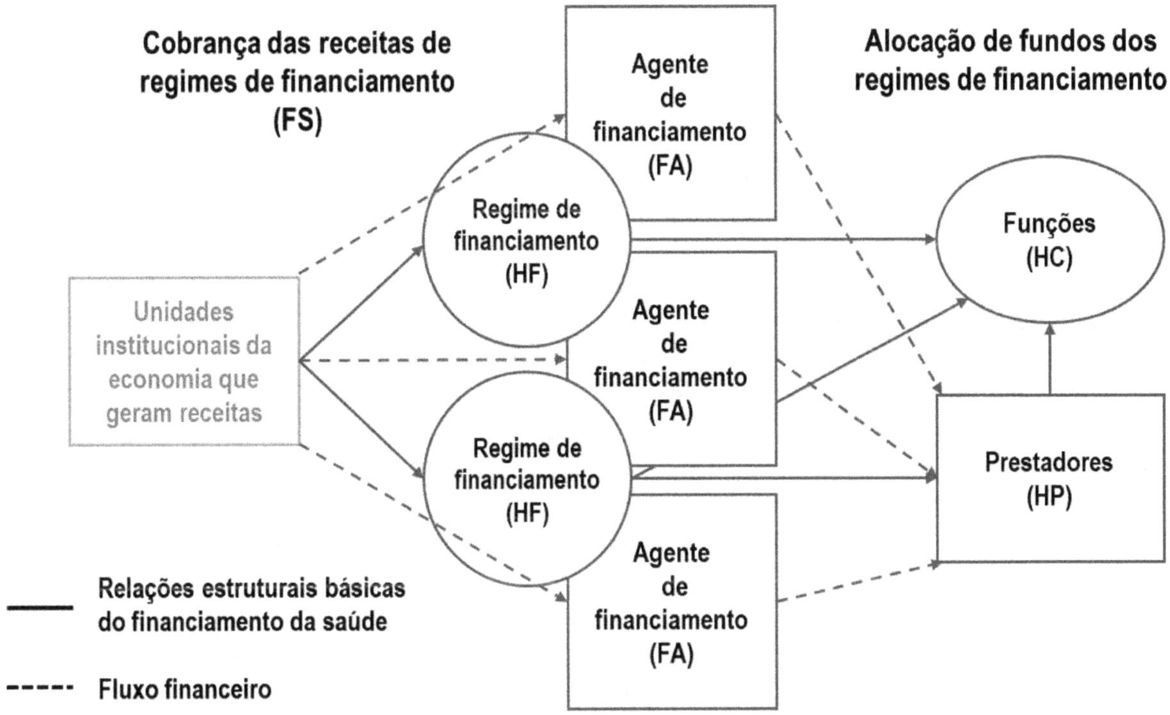

Fonte: adaptada de OECD/WHO/Eurostat (2011[3]), *A System of Health Accounts: 2011 Edition*, https://doi.org/10.1787/9789264116016-en.

O objetivo principal das contas de saúde é fornecer informações valiosas para a tomada de decisões sobre políticas de saúde baseadas em evidências. Em primeiro lugar, a implementação regular das contas de saúde pode aumentar a *transparência* e a *prestação de contas* no sistema de saúde. Ao definir de maneira objetiva todos os fluxos de financiamento no sistema, há maior clareza sobre como os recursos financeiros são mobilizados, quem os gerencia, em quais serviços eles são gastos e a quais prestadores os pagamentos são feitos. Os resultados das contas de saúde podem oferecer informações sobre o grau de *proteção financeira* contra o custo da saúde e a generosidade do pacote de benefícios públicos, calculando a parcela do desembolso direto para diversos serviços de saúde. Eles também podem fornecer uma indicação sobre a *sustentabilidade financeira* dos gastos em saúde, quando colocados em contexto com dados mais amplos de finanças públicas. Combinadas com dados sobre resultados de saúde, as contas de saúde podem servir como ponto de partida para uma discussão sobre a *eficiência* nesse setor, tanto em nível macro quanto micro. Ao considerar dados sobre a utilização de serviços, as informações das contas de saúde também podem ser utilizadas para avaliar a *equidade* e *acessibilidade* dos serviços nessa área. De maneira geral, as contas de saúde devem ser vistas como uma ferramenta flexível, e a implementação e abrangência podem ser ajustadas para atender às necessidades específicas de cada país; além da estrutura principal descrita acima, uma série de aplicações adicionais foi associada às contas de saúde em diversos países. Por fim, o alinhamento das Contas Nacionais de Saúde com a metodologia e as diretrizes do SHA 2011 garante que as estimativas de gastos em saúde sejam comparáveis internacionalmente.

2.2. Histórico do trabalho de contas de saúde no Brasil

Várias iniciativas no Brasil produziram dados sobre gastos em saúde nas últimas duas décadas, mas até agora não houve uma institucionalização completa do processo de elaboração das contas de saúde em conformidade com os padrões internacionais.

Neste contexto, é necessário mencionar a elaboração das Contas-Satélites de Saúde (CSS). As CSS estão intimamente relacionadas às Contas Nacionais de Saúde (com base no SHA 2011), mas apresentam algumas diferenças e perspectivas importantes. Enquanto as contas de saúde baseadas no SHA 2011 se concentram na obtenção de dados detalhados sobre o consumo de produtos e serviços de saúde e no mapeamento de quem financia e fornece esses serviços, a CSS geralmente se concentra mais na capacidade produtiva do setor de saúde, por exemplo, identificando o valor agregado desse setor à economia geral e a força de trabalho empregada por ele, bem como os fluxos comerciais no setor de cuidados de saúde. Dessa forma, as CSS estão mais alinhadas ao Sistema de Contas Nacionais (SCN).[3]

As primeiras etapas de implementação das Contas Nacionais de Saúde remontam a 2006. Naquela época, foi aprovada uma Portaria Interministerial (437/2006) para a criação de um comitê técnico composto pelo Ministério da Saúde, IBGE, Agência Nacional de Saúde Suplementar (ANS), Fundação Oswaldo Cruz (FIOCRUZ) e o Instituto de Pesquisa Econômica Aplicada (IPEA), com a missão de elaborar as contas de saúde com base no SHA.

O primeiro resultado dessa colaboração foi a publicação, em 2008, dos dados da CSS referentes ao período de 2000 a 2005 (Ministério da Saúde, Fiocruz, 2018[4]). Esse trabalho foi liderado pelo Instituto Brasileiro de Geografia e Estatística (IBGE), com início no ano 2000. Estimativas mais recentes da CSS estão disponíveis para os anos de 2005 a 2021.[4] A CSS fornece dados sobre produção, consumo, renda, emprego e comércio exterior de produtos e serviços de saúde. Para 2019, a CSS constatou, por exemplo, que o consumo final de mercadorias e produtos de saúde representou 9,6% do PIB, e que as atividades do setor de saúde foram responsáveis por 7,8% do valor agregado e 7,4% de todo o emprego na economia brasileira (IBGE, 2022[5]).[5]

Em 2018, foram publicados os primeiros resultados das Contas Nacionais de Saúde com base na metodologia do SHA 2011. Esses resultados abrangeram os anos de 2010 a 2014, mas limitaram-se aos gastos do regime de financiamento público mais importante, o Sistema Único de Saúde (SUS) (Ministério da Saúde, Fiocruz, 2018[4]). Neste relatório, as despesas com saúde do SUS foram alocadas aos serviços de saúde (HC) e prestadores (HP), mas faltavam os gastos de todos os outros regimes de financiamento, limitando claramente a aplicabilidade deste primeiro projeto-piloto das Contas Nacionais de Saúde.

Embora a Portaria Interministerial inicial tenha sido revogada em 2019, os pesquisadores envolvidos neste trabalho continuaram sua colaboração e, em 2022, um conjunto de resultados mais desenvolvidos das Contas Nacionais de Saúde foi publicado (Brasil. Ministério da Saúde, 2022[6]). Nessa publicação, foram apresentados os gastos em saúde de todos os regimes de financiamento identificáveis (incluindo plano de saúde voluntário e pagamentos diretos) para os anos de 2015 a 2019. Isso também incluiu um detalhamento por serviços de saúde (HC), embora uma análise por prestador ainda estivesse disponível apenas para gastos do SUS. Esses dados também foram enviados à OCDE, OMS e Eurostat como parte da solicitação internacional de dados do QCCS – a primeira vez que o Brasil participou da coleta de dados, que também foram usados para avaliar o desempenho do sistema de saúde brasileiro como parte do Estudo da OCDE sobre o Sistema de Saúde: Brasil 2021 (OECD, 2021[7]). Dados preliminares para 2020 e 2021 também foram submetidos em anos subsequentes.

Desde 2024, houve um interesse renovado por parte do Ministério da Saúde do Brasil que resultou na constituição de uma equipa multidisciplinar especificamente para institucionalizar completamente a elaboração das contas de saúde de acordo com o SHA 2011 e garantir que dados de gastos em saúde de alta qualidade possam ser elaborados a cada ano, em conformidade com os padrões internacionais. Espera-se que este trabalho se baseie nos estudos-piloto existentes realizados no país, mas também busque orientação de outras partes interessadas e da experiência internacional da OCDE.

Referências

Brasil. Ministério da Saúde (2022), *Contas de saúde na perspectiva da contabilidade internacional : conta SHA para o Brasil, 2015 a 2019*, Ipea, https://doi.org/10.38116/978-65-5635-028-8. [6]

IBGE (ed.) (2022), *Conta-satélite de saúde : Brasil : 2010-2019*, https://biblioteca.ibge.gov.br/visualizacao/livros/liv101928_informativo.pdf. [5]

Ministério da Saúde, Fiocruz (2018), *Contas do SUS na perspectiva da contabilidade internacional: Brasil, 2010-2014*, Ministério da Saúde; Fiocruz, https://bvsms.saude.gov.br/bvs/publicacoes/contas_SUS_perspectiva_contabilidade_internacional_2010_2014.pdf. [4]

OECD (2021), *OECD Reviews of Health Systems: Brazil 2021*, OECD Reviews of Health Systems, OECD Publishing, Paris, https://doi.org/10.1787/146d0dea-en. [7]

OECD (2000), *A System of Health Accounts*, OECD Publishing, Paris, https://doi.org/10.1787/9789264181809-en. [1]

OECD/WHO/Eurostat (2011), *A System of Health Accounts: 2011 Edition*, OECD Publishing, Paris, https://doi.org/10.1787/9789264116016-en. [3]

World Bank/WHO/USAID (2003), *Guide to producing national health accounts: with special applications for low-income and middle-income countries*, World Health Organization, https://iris.who.int/handle/10665/42711. [2]

Notas

[1] Ou a atividade se refere à governança, à administração e ao financiamento do sistema de saúde.

[2] Ver Anexo A para verificar as categorias incluídas na solicitação de dados internacional baseada no SHA 2011 relacionadas a essas dimensões principais.

[3] No entanto, em vários países, as contas nacionais de saúde baseadas no SHA 2011 também são consideradas contas-satélites devido à sua integração no Sistema de Contas Nacionais, em particular quando a despesa de consumo final está estreitamente alinhada à despesa corrente com saúde.

[4] Destaca-se que, devido às atualizações regulares da metodologia do Sistema de Contas Nacionais do Brasil, este não abrange uma série temporal única. A última edição da CSS abrange o período de 2010 a 2021, para o qual existe uma série temporal compatível para a produção e o consumo de produtos para saúde e o valor adicionado nas atividades produtivas desses produtos.

[5] O IBGE publicou posteriormente as CSS 2021 em: www.ibge.gov.br/estatisticas/economicas/contas-nacionais/9056-conta-satelite-de-saude.html?=&t=publicacoes.

3 Panorama do sistema de saúde Brasileiro

A organização do sistema de saúde brasileiro é complexa, sob a responsabilidade conjunta da União, dos estados e dos municípios para o setor público, enquanto ao mesmo tempo o setor privado também desempenha um papel significativo. Este capítulo fornece uma breve introdução ao sistema de saúde brasileiro para melhor compreensão da abordagem das contas de saúde adotadae discutida posteriormente no próximo capítulo. Ele destaca a organização e a gestão do Sistema Único de Saúde (SUS) e sua complexa estrutura de financiamento. Ele também enfatiza o papel fundamental do plano de saúde privado no Brasil, através do qual cerca de um quarto da população obtém acesso aos cuidados de saúde, apesar de também ter direito aos serviços públicos do SUS.

3.1. A introdução do SUS aumentou o acesso aos serviços de saúde para grande parte da população

Com mais de 212 milhões de habitantes, o Brasil é, de longe, o país mais populoso da América Latina, além de ser o maior em termos geográficos. O Brasil é uma república federativa, com o governo federal, os estados (e o Distrito Federal) e os municípios desempenhando papéis importantes no governo e na administração do país, inclusive na área da saúde.

Os princípios e a estrutura atuais do sistema de saúde brasileiro baseiam-se na Constituição Federal de 1988, que estabeleceu a saúde como um direito universal de toda a população e como uma responsabilidade do Estado. A promulgação das leis 8080 e 8142 levou à criação do Sistema Único de Saúde (SUS) em 1990. Os princípios fundamentais do SUS, conforme estabelecido nos Artigos 196 a 198 da Constituição, são universalidade, integralidade, descentralização e participação social. Embora a equidade em si não esteja explicitamente nos termos da legislação que institui o SUS, a Constituição Federal de 1988 faz referência à "igualdade de acesso".[1] Com base nesses princípios, todos no Brasil têm direito a serviços de saúde abrangentes fornecidos pelo SUS, independentemente da capacidade de pagamento. A União, os 26 estados (mais o Distrito Federal) e os 5.570 municípios têm responsabilidades compartilhadas pelo financiamento e gestão do SUS e pela prestação de serviços públicos.

Os serviços financiados pelo SUS são prestados por uma ampla combinação de prestadores públicos e privados. Na atenção básica, os serviços são prestados, em sua grande maioria, por funcionários públicos que trabalham em equipes multidisciplinares de atenção básica. O atendimento ambulatorial especializado está disponível em clínicas públicas ou departamentos ambulatoriais de hospitais. Os serviços de internação são prestados por hospitais públicos, mas os privados também são contratados por municípios ou estados para prestar serviços pelo SUS.

A abrangência dos serviços de saúde oferecidos pelo SUS é abrangente, sem custos adicionais para os pacientes, mas pode ainda haver pagamentos diretos para alguns medicamentos prescritos em programas específicos, como o programa Farmácia Popular, assim como para quaisquer outros produtos e serviços não incluídos no pacote de benefícios ou obtidos de prestadores fora da rede do sistema. No entanto, embora toda a população tenha direito a receber serviços no SUS, uma parte não negligenciável da população enfrenta necessidades de saúde não atendidas, sobretudo em relação aos medicamentos (Coube et al., 2023[1]). Assim, embora a implementação desse sistema tenha levado a aumentos significativos na cobertura e no acesso aos serviços de saúde, melhorando os resultados no setor, o SUS também enfrenta muitos desafios, como, por exemplo, na oferta de acesso rápido ao atendimento especializado (Castro et al., 2019[2]).

3.2. O financiamento do SUS é complexo

Conforme previsto na Constituição Federal de 1988, a saúde é de responsabilidade do Estado e os serviços prestados pelo SUS são financiados coletivamente pela União, por Estados, Municípios e outras fontes. No entanto, desde sua criação, o financiamento do SUS foi contestado e diversas mudanças legais e emendas constitucionais tentaram torná-lo menos volátil. A Emenda Constitucional 29 de 2000 definiu “pisos” mínimos para a União, os estados e os municípios no financiamento do sistema. De acordo com a EC29, a União deveria dedicar ao menos o valor gasto em 1999, acrescido de 5% em 2000, e, a partir daí, corrigido anualmente com o crescimento nominal do PIB. Já os estados e municípios deveriam destinar no mínimo 12% e 15%, respectivamente, das próprias receitas para a saúde (incluindo transferências de outras entidades federadas). Em 2012, a Lei Complementar 141 definiu de forma mais detalhada a abrangência de atividades a que esses requisitos mínimos de gastos deveriam ser aplicados: As “ações e serviços públicos de saúde” (ASPS), que abrangem 13 áreas como vigilância em saúde, cobertura universal de saúde ou capacitação da força de trabalho em saúde para o SUS.

A Emenda Constitucional 86 de 2015 alterou novamente as obrigações de financiamento da União. Os pisos de investimento estavam vinculados à Receita Corrente Líquida Federal (RCL). A porcentagem da RCL alocada à saúde deveria aumentar gradualmente de 13,2% em 2016 para chegar a 15% em 2020. Entretanto, a Emenda Constitucional 95 de 2016 introduziu novas mudanças devido às pressões fiscais e congelou, de modo geral, os gastos federais primários até 2036. Para gastos em saúde, as estipulações da EC95 significaram o adiamento da alocação mínima de 15% da RCL para 2017, mas fixando os aumentos anuais futuros desse piso mínimo à inflação até 2036. No final de 2022, a EC95 foi revogada pela Emenda Constitucional 126/2022 e a Lei Complementar 200/2023 restabeleceu o piso mínimo de 15% para a União.[2]

De modo geral, as mudanças frequentes no mecanismo de financiamento levaram a um maior envolvimento dos estados e municípios no financiamento do SUS ao longo do tempo. Entre 1995 e 2015, a participação dos municípios aumentou de 19% para 31% e a dos estados de 18% para 26%. Consequentemente, a proporção do SUS financiada pela União diminuiu de 63% para 43% (Mendes and Rózsa Funcia, 2016[3]).

Embora o financiamento do SUS seja misto entre os três níveis de governo, a maior parte dos cuidados de saúde é organizada nos níveis estadual e municipal, onde os gestores supervisionam as unidades de saúde públicas, mas também contratam serviços de prestadores privados. Por isso, cerca de 80% da verba federal é repassada aos estados e municípios por meio do Fundo Nacional de Saúde (FNS). Dessa forma, estados e municípios gerenciam a alocação tanto de recursos próprios quanto de verbas transferidas de outras esferas administrativas (Ministério da Saúde, Fiocruz, 2018[4]). O FNS processa a transferência de recursos, organizados em blocos de financiamento que agrupam ações com finalidades e destinações semelhantes. O valor alocado para cada ação é determinado com base nos limites financeiros orçamentários pactuados e na qualificação dos entes federativos para execução dos programas do Ministério da Saúde. O FNS é o gestor financeiro dos recursos destinados ao financiamento das despesas correntes e de capital do Ministério da Saúde, assim como das agências e entidades da administração direta e indireta que fazem parte do SUS (Ministério da Saúde, 2025[5]).

Para resolver a questão da segmentação, desde 2007 as transferências federais são agrupadas em seis principais blocos de financiamento, com regras complexas de alocação (Moreira dos Santos and Rocha de Luiz, 2016[6]):

1. Atenção básica:[3]
    a. Componente piso da atenção básica fixo (PAB fixo)
    b. Componente piso da atenção básica variável (PAB variável)
2. Atenção de média e alta complexidade ambulatorial e hospitalar:
    a. Componente limite financeiro da média e alta complexidade ambulatorial e hospitalar (MAC)
    b. Componente fundo de ações estratégicas e compensação (FAEC)
3. Vigilância em saúde
4. Assistência farmacêutica:
    a. Componente básico da assistência farmacêutica (CBAF)
    b. Componente estratégico da assistência farmacêutica (CESAF)
    c. Componentes especializados da assistência farmacêutica (CEAF)
5. Gestão do SUS
6. Investimento

3.3. O plano de saúde privado desempenha um papel significativo no Brasil

Apesar de toda a população ter direito aos serviços do SUS, quase um quarto dela tem cobertura de plano de saúde privado. Normalmente, o plano de saúde privado no Brasil é "duplicado" no sentido de que os benefícios cobertos já estão incluídos no pacote de benefícios do SUS, mas o plano permite acesso a quase todos (ou à maioria) dos provedores privados de saúde no Brasil.[4] O plano de saúde privado é anterior à criação do SUS, e a Constituição Federal de 1988 garante que a cobertura privada pode complementar a cobertura automática do Sistema Único de Saúde.

Em 2023, cerca de 26% dos brasileiros estavam cobertos por assistência médica voluntária, principalmente para duplicar a cobertura de saúde no âmbito do SUS (ANS, 2024[7]), e regulamentada pela Agência Nacional de Saúde Suplementar (ANS). Outros 16% tinham cobertura voluntária exclusivamente para cuidados odontológicos (ANS, 2024[7]). Embora a proporção da população com cobertura de plano de saúde privado esteja quase no mesmo nível de uma década atrás, ela aumentou bastante no caso da cobertura odontológica. Juntos, mais de 900 entidades e seguradoras oferecem cobertura médica ou odontológica (ANS, 2024[8]). No que se refere à assistência médica, há uma grande variedade tanto na abrangência dos serviços cobertos pelos planos individuais quanto nas modalidades jurídicas das entidades responsáveis pela cobertura. Boa parte delas oferece atendimento ambulatorial e hospitalar, mas não medicamentos ou tratamentos altamente especializados.

A maioria dos planos de saúde são apólices de grupo baseadas no empregador como um componente de contratos de trabalho onde as contribuições são pagas pelos empregadores, mas outras apólices individuais ou coletivas também estão disponíveis. Pessoas com cobertura privada geralmente recorrem a prestadores de saúde privados, incluindo hospitais com e sem fins lucrativos.

A natureza do plano de saúde privado no Brasil é incomum no contexto internacional. Embora em muitos países da OCDE, uma proporção maior da população tenha cobertura de um plano privado, ela geralmente tem caráter complementar ou suplementar. Os planos que duplicam a cobertura pública existem em algumas nações com sistemas de saúde financiados por impostos — como Reino Unido, Irlanda, Nova Zelândia, Itália e Portugal. No entanto, nesses casos, a população costuma utilizar majoritariamente os serviços públicos, recorrendo ao plano privado apenas em situações específicas, como obter acesso mais rápido a certos diagnósticos ou serviços especializados, por exemplo. No Brasil, por outro lado, quem tem plano de saúde tende a abandonar quase por completo o uso do SUS, recorrendo predominantemente à rede privada. A importância do seguro privado pode ser explicada, até certo ponto, pelo racionamento da prestação de serviços no setor público, resultando em gastos per capita relativamente altos dos inscritos em planos e seguros privados.

Referências

ANS (2024), *Dados Gerais - Operadoras com beneficiários (Brasil - 2013-2024)*, https://www.ans.gov.br/perfil-do-setor/dados-gerais. [8]

ANS (2024), *Dados Gerais - Taxa de cobertura (%) por planos privados de saúde (Brasil - 2013-2024)*, https://www.ans.gov.br/perfil-do-setor/dados-gerais. [7]

Castro, M. et al. (2019), "Brazil's unified health system: the first 30 years and prospects for the future", *The Lancet*, Vol. 394, pp. 345–56, https://doi.org/10.1016/S0140-6736(19)31243-7. [2]

Coube, M. et al. (2023), "Inequalities in unmet need for health care services and medications in Brazil: a decomposition analysis", *The Lancet Regional Health - Americas*, Vol. 19/March, https://doi.org/10.1016/j.lana.2022.100426. [1]

Marques, R., S. Piola and A. Carrillo Roa (eds.) (2016), *O SUS e seu financiamento*, Associação Brasileira de Economia da Saúde, https://bvsms.saude.gov.br/bvs/publicacoes/sistema_saude_brasil_organizacao_financiamento.pdf. [3]

Marques, R., S. Piola and A. Carrillo Roa (eds.) (2016), *Transferências federais no financiamento da descentralização*, Associação Brasileira de Economia da Saúde, https://bvsms.saude.gov.br/bvs/publicacoes/sistema_saude_brasil_organizacao_financiamento.pdf. [6]

Ministério da Saúde (2025), *Sobre o FNS*, https://portalfns.saude.gov.br/sobre-o-fns/. [5]

Ministério da Saúde, Fiocruz (2018), *Contas do SUS na perspectiva da contabilidade internacional: Brasil, 2010-2014*, Ministério da Saúde; Fiocruz, https://bvsms.saude.gov.br/bvs/publicacoes/contas_SUS_perspectiva_contabilidade_internacional_2010_2014.pdf. [4]

OECD (2022), *Private health insurance spending*, OECD Publishing, Paris, https://www.oecd.org/en/publications/private-health-insurance-spending_4985356e-en.html. [9]

Notas

[1] Art. 196: "A saúde é um direito de todos e um dever do Estado, garantido mediante políticas sociais e econômicas que visem à redução do risco de doença e de outros agravos e ao acesso universal e igualitário às ações e serviços para sua promoção, proteção e recuperação".

[2] Em 2020-2021, o EC95 foi suspenso temporarlamente devido à emergência de saúde da pandemia de COVID-19 para permitir o crescimento das despesas das ASPS.

[3] O financiamento da Atenção Básica mudou em 2019 dos anteriores componentes fixos e variáveis com a introdução do "Programa Previne Brasil" (Portaria nº 2.979, de 12 de novembro de 2019), www.gov.br/saude/pt-br/composicao/saps/previne-brasil.

[4] A tipologia do plano de saúde privado usada na OCDE faz a distinção entre um papel "primário" e "secundário". Em alguns países da OCDE, o plano de saúde privado é o mecanismo primário por meio do qual toda a população ou algumas partes dela obtêm cobertura de saúde (por exemplo, Suíça, Alemanha ou Chile). Ele também pode desempenhar um papel secundário ao fornecer: cobertura "suplementar", para aqueles serviços não incluídos no pacote de benefícios públicos (em Israel ou no Canadá, por exemplo); "cobertura complementar", abrangendo as coparticipações necessárias para utilizar os serviços incluídos no pacote de benefícios públicos (por exemplo, França); ou cobertura "duplicada", para serviços prestados por prestadores não incluídos no pacote de benefícios públicos, com a finalidade de obter acesso mais rápido ou aumentar a escolha de prestadores (por exemplo, Austrália, Irlanda) (OECD, 2022[9])

4 Uma nova abordagem para institucionalizar a elaboração das contas de saúde no Brasil

Com base nos dois estudos anteriores sobre contas nacionais de saúde na última década, o Brasil agora está comprometido em institucionalizar totalmente as suas contas de saúde nacionais. Este capítulo discute a nova iniciativa descrita no novo manual de contas de saúde do Brasil e avalia se a implementação proposta está de acordo com os padrões internacionais. Ele também estuda a abordagem geral adotada pelo país para criar contas de saúde, incluindo a abrangência dos regimes de financiamento identificados, discute a disponibilidade de fontes de dados no Brasil e seu uso adequado em contas de saúde e fornece uma avaliação da metodologia aplicada para calcular os gastos em saúde nas novas contas de saúde brasileiras.

Conforme discutido no Capítulo 2, após duas rodadas de implementação-piloto de contas de saúde no Brasil na última década, uma iniciativa renovada para institucionalizar de maneira abrangente a elaboração de contas de saúde em conformidade com os padrões internacionais e com base no SHA 2011 teve início em 2023. Neste capítulo, serão discutidas a abordagem geral para estimar dados de gastos em saúde, as fontes de dados utilizadas e as técnicas de estimativa aplicadas segundo esta nova iniciativa, conforme descrito na documentação metodológica da equipe de contas de saúde brasileira ("manual").

4.1. Abordagem geral para a criação das contas de saúde

A elaboração das contas de saúde em conformidade com os padrões internacionais, ou seja, com base nas definições, classificações, categorias e metodologia recomendada do SHA 2011, já foi institucionalizada na maioria dos países da OCDE (OECD, 2025[1]). Com base no manual SHA 2011 (OECD/WHO/Eurostat, 2011[2]), as principais características metodológicas e orientações de alto nível que os países devem considerar ao desenvolver contas nacionais de saúde incluem:

- A ***despesa corrente com saúde*** – principal variável para comparações internacionais de gastos no setor – é definida como o consumo final de produtos e serviços de saúde pela população residente, acrescido dos subsídios destinados a prestadores de saúde residentes.
- A decisão de incluir ou não uma atividade na despesa corrente com saúde deve ser determinada pelo cumprimento de ***quatro critérios principais***:
  - a ***intenção primária*** da atividade é melhorar, manter ou prevenir a deterioração do estado de saúde de indivíduos, grupos da população ou da população como um todo, bem como mitigar as consequências de doenças;
  - ela requer habilidade e ***conhecimentos médicos ou de cuidados de saúde qualificados*** para a realização desta função ou pode ser executada sob a supervisão de profissionais que detenham esses conhecimentos ou a função é a governança e administração do sistema de saúde e seu financiamento;
  - o consumo é para ***uso final*** de produtos e serviços de saúde pelos residentes;
  - há uma ***transação*** de produtos ou serviços de saúde.
- A avaliação das despesas de consumo final deve ser feita em ***preços de compra*** acordados pelas partes para a transação, mas como o conceito de "vendas" pode ser estranho ao setor da saúde em muitos países, é possível usar uma avaliação alternativa. No geral, a abordagem para avaliar a produção dos prestadores de saúde (e, portanto, o consumo desses serviços) depende do fato de serem considerados produtores de mercado ou não. Se forem produtores de mercado, os preços de venda das transações (incluindo imposto sobre valor agregado, se aplicável) devem ser usados. Entretanto, ***o resultado dos produtores não mercantis deve ser mensurado pela soma dos custos incorridos na sua execução***. Isso inclui (i) consumo intermediário (por exemplo, eletricidade utilizada em uma unidade de saúde), (ii) remuneração de empregados (como salários e encargos patronais para a equipe de saúde), (iii) consumo de capital fixo (por exemplo, depreciação de bens usados na prestação de serviços de saúde) e (iv) outros impostos pagos sobre a produção.
- O ***princípio de competência*** deve ser aplicado ao registrar gastos em saúde. Isso significa que a transação deve ser registrada no período em que o serviço foi prestado e "consumido", que pode não coincidir com o período em que ele foi pago.

A forma como as Contas Nacionais de Saúde baseadas no SHA 2011 são estruturadas na OCDE e como as fontes de dados são combinadas para estimar os gastos em saúde varia de acordo com o país, dependendo da disponibilidade de dados e das características específicas de cada sistema de saúde. Em termos muito gerais, os países seguem três abordagens distintas:

- Focar na identificação de dados detalhados sobre os gastos em saúde de cada ***regime de financiamento*** existente.
- Basear-se principalmente em informações de resultados (como receitas e dados de atividades) dos ***prestadores de saúde***;
- Usar (de preferência) uma ***abordagem mista***, combinando e triangulando dados dos regimes de financiamento com aqueles disponíveis no âmbito dos prestadores.

Na implementação atual, o Brasil segue a primeira abordagem. Para isso, as principais tarefas para fornecer uma descrição geral de um sistema de financiamento do ponto de vista das contas de saúde são as seguintes:

- **Identificação dos regimes de financiamento da saúde nacionais:** isso envolve a compilação de um inventário de todos os regimes de financiamento pelos quais a população residente tem acesso aos cuidados de saúde, com detalhes importantes, incluindo o modo de participação (seja compulsório, automático ou voluntário), regras de elegibilidade para benefícios e os mecanismos de arrecadação e organização de recursos (*pooling*). As informações adicionais sobre o pacote de benefícios coberto por cada plano podem melhorar ainda mais a compreensão do sistema.
- **Mapeamento da estrutura do sistema de financiamento da saúde:** esta etapa envolve o mapeamento de todo o panorama de financiamento da saúde, estabelecendo claramente a relação entre os regimes de financiamento e os agentes de financiamento responsáveis pela gestão desses fluxos financeiros. Os agentes de financiamento incluem entidades governamentais, seguradoras privadas, instituições de previdência social e organizações não governamentais. É fundamental definir de maneira objetiva quais deles estão envolvidos na administração, arrecadação e distribuição de recursos dentro de cada regime.
- **Identificação dos fluxos básicos no financiamento da saúde:** esta última etapa é essencial para entender como os recursos são mobilizados e alocados dentro do setor de saúde. Ela envolve a análise de dois fluxos financeiros principais: (i) arrecadação de receita por cada regime de financiamento, que inclui contribuições de impostos, pagamentos de previdência social, prêmios de seguros privados e desembolsos diretos; e (ii) atribuição desses recursos pelos regimes de financiamento de acordo com dimensões essenciais, tais como funções de saúde (por exemplo, cuidados hospitalares ambulatoriais, medicamentos), prestadores (hospitais, clínicas, farmácias) e beneficiários. Um mapeamento claro desses fluxos é essencial para garantir transparência, eficiência e prestação de contas no financiamento dos serviços de saúde e identificar as melhores fontes de dados.

4.1.1. Regimes de financiamento identificados no manual de contas de saúde do Brasil

No SHA 2011, os regimes de financiamento são identificados como os principais blocos de financiamento ou "conjunto de regras" por meio dos quais as pessoas obtêm serviços de saúde, incluindo pagamentos diretos pela utilização de serviços de saúde pelas próprias famílias. Ao identificar acordos de financiamento que são qualificadas como regimes de financiamento e fazer a distinção entre os diversos regimes, o SHA 2011 propõe um conjunto de critérios essenciais (OECD/WHO/Eurostat, 2011[2]):

- O ***modo de participação*** refere-se à forma como a participação no regime é determinada, seja automática para a população (ou parte dela), compulsório por lei ou voluntária – isto é, a critério do indivíduo, da população ou de outras entidades.

- Se o ***direito aos benefícios*** por parte dos beneficiários é baseado em pagamentos contributivos efetuados por eles ou é universal, ou se está a critério dos agentes de financiamento que implementam o regime.
- O ***método básico de arrecadação*** com o objetivo de mobilizar os recursos financeiros necessários para fornecer cuidados de saúde aos beneficiários – se esses recursos provêm de transferências de orçamentos públicos, contribuições sociais compulsórias relacionadas à renda, prêmios de seguro compulsórios ou voluntários, ou outras fontes de receita.
- E se, no âmbito do regime de financiamento, as **receitas são ou não agrupadas** entre os indivíduos.

A equipe de contas de saúde do Brasil, ao aplicar esses critérios e considerações complementares, identificou os seguintes regimes de financiamento no país. (Tabela 4.1).

Tabela 4.1. Mapeamento dos regimes de financiamento existentes no Brasil para as categorias de HF do SHA 2011

Categoria do HF	Descrição do HF	Regime no Brasil
HF11	Regimes do governo	HF111 SUS HF112 Regimes para servidores públicos
HF121	Plano de saúde social	Regimes para forças armadas e forças de segurança pública
HF122	Plano de saúde privado compulsório	Não existe
HF21	Regimes de plano de saúde voluntário	Contratos de planos de saúde regulados pela ANS
HF22	Regimes de financiamento de instituições sem fins lucrativos	Não identificado
HF23	Regimes de financiamento empresarial (exceto planos de saúde baseados no empregador)	Não identificado
HF3	Pagamentos por desembolso direto das famílias	HF31 Pagamentos diretos (excluindo compartilhamento de custos com regimes de terceiros) HF32 Compartilhamento de custos com plano de saúde voluntário
HF4	Regimes de financiamento do restante do mundo	Não identificado

Fonte: autores com base no Manual Brasileiro de Contas Nacionais de Saúde.

Sistema Único de Saúde (SUS)

Conforme previsto na Constituição Federal e em virtude das Leis 8.080 e 8.142, toda a população residente no Brasil tem acesso aos serviços do Sistema Único de Saúde (SUS). O acesso aos serviços do SUS é, portanto, automático e não exige nenhum pagamento contributivo por parte dos indivíduos. O SUS é financiado pela União, pelos estados e municípios com o uso das receitas que esses níveis de governo podem mobilizar: impostos, contribuições sociais e outras transferências (ver Capítulo 3). Como o acesso ao atendimento é automático para toda a população e independente de qualquer pagamento de contribuição, o SUS deve ser considerado um regime de financiamento do governo (HF11).

Regimes para servidores públicos

Existem regimes públicos distintos para acesso aos cuidados de saúde para servidores públicos nos níveis federal, estadual e municipal.[1] Servidores públicos ativos e seus dependentes, bem como aqueles aposentados, têm direito a uma série de serviços de acordo com esses regimes "fechados". Os beneficiários do regime federal podem receber assistência médica, hospitalar, odontológica, psicológica e farmacêutica. Esses serviços podem ser prestados pelo setor público, ou a organização da entrega dos serviços segundo tal regime pode variar de acordo com o órgão (por exemplo, ministério) ao qual o servidor público está vinculado.[2] Aparentemente, os pagamentos compulsórios de contribuições pelos beneficiários são exigidos.[3]

No entanto, na prática, existem diferenças consideráveis entre os diversos regimes nos níveis federal (inclusive entre diferentes entes federativos), estadual e municipal. Isso envolve não apenas a abrangência de direito aos serviços, mas também o grau de obrigatoriedade de contribuição e participação dos servidores públicos no regime. Os diferentes níveis de governo também financiam esses regimes.

Na CNS brasileira, os regimes para servidores públicos foram classificados coletivamente como regimes de financiamento do governo (HF11). No entanto, em termos de abrangência, apenas seus gastos nos níveis federal e estadual são registrados; aqueles referentes à esfera municipal ainda não foram contabilizados.

Regimes para forças armadas e forças de segurança pública

No Brasil, existe outro tipo de regime público "fechado", que abrange os militares das Forças Armadas e das forças de segurança pública (e seus dependentes). Novamente, eles existem nos níveis federal, estadual e municipal e são financiados por pagamentos contributivos compulsórios do beneficiário, bem como por financiamento governamental complementar.

Nas contas de saúde brasileiras, esses regimes foram categorizados como planos de saúde sociais (HF121) com base no fato de que todos exigem pagamentos de contribuições compulsórios pelos beneficiários. Atualmente, apenas os gastos em saúde do regime federal das Forças Armadas podem ser identificados nas contas de saúde brasileiras. As despesas com regimes semelhantes em outros níveis de governo não são contabilizadas no momento.

Plano de saúde voluntário

Conforme discutido no Capítulo 3, por via de regra, cerca de um quarto da população escolhe abrir mão de seu direito a serviços de saúde pelo SUS público e, em vez disso, usar a cobertura do plano de saúde privado, que podem ser adquirido individualmente ou oferecido aos empregados como parte de seus benefícios trabalhistas. Os diversos planos de seguros privados são regulamentados pela ANS. O que eles têm em comum é que a adesão é voluntária (ou seja, não há obrigação de contratar cobertura privada) e depende do pagamento de contribuições, seja pelo beneficiário ou por terceiros em seu nome. Assim, a cobertura de acordo com esses tipos de contratos de plano de saúde deve ser classificada como plano de saúde voluntário (HF21) de acordo com a metodologia do SHA 2011.

Pagamentos diretos

Em todos os sistemas de saúde ao redor do mundo, as pessoas que precisam de cuidados são obrigadas a financiar alguns produtos e serviços de saúde do próprio bolso. Isso pode ocorrer por meio de compartilhamento de custos como parte de um pacote de benefícios público ou privado (HF32) ou por meio de compras diretas de produtos e serviços sem o envolvimento de um pagador terceiro (HF31). O Brasil não é exceção a essa realidade.

Avaliação global da identificação e classificação dos regimes de financiamento da saúde

As novas contas de saúde brasileiras identificam os gastos em saúde para os principais regimes de financiamento existentes no país. Existem dois tipos de regime para clientela "fechada" cujos gastos atualmente não são contabilizados de maneira abrangente. Isso se refere aos regimes para servidores públicos no nível municipal e para forças de segurança pública além das forças armadas. É difícil quantificar as lacunas associadas à divulgação de informações, mas é necessário fazer um esforço na próxima iteração das contas de saúde para preenchê-las, estimando de forma adequada os gastos dos regimes que não estão incluídos no momento.

Em relação aos regimes para servidores públicos, possivelmente há um problema conceitual com a implementação atual no Brasil: eles foram alocados à categoria HF11 (regimes de financiamento do governo), independentemente de os pagamentos contributivos dos beneficiários serem compulsórios ou não. Isso não está necessariamente de acordo com as melhores práticas internacionais. O ideal seria que eles fossem alocados às diversas categorias de regimes de financiamento caso a caso, e informados pela legislação existente nos níveis federal, estadual e municipal. Os regimes devem ser atribuídos a:

- HF11 (regimes de financiamento do governo), caso a cobertura seja automática por força da lei e os beneficiários não tenham que fazer nenhum pagamento contributivo;
- HF121 (regimes de plano de saúde social), caso quaisquer pagamentos contributivos por parte dos beneficiários sejam compulsórios;
- HF21 (regimes de plano de saúde voluntário), caso quaisquer pagamentos contributivos por parte dos beneficiários sejam voluntários;

Dado o número potencialmente alto de regimes para servidores públicos, pode ser difícil na prática fazer esse tipo de avaliação na esfera dos programas individuais (que podem chegar a milhares). Nesse caso, seria admissível alocar coletivamente todos os regimes de servidores públicos a uma única categoria com base no princípio da maioria.

A propósito, uma nota de rodapé na seção metodológica do manual brasileiro de CNS levanta a questão se os trabalhadores da saúde se enquadram nos planos clientela fechada, assim como os demais servidores públicos, ou se, por fazerem parte da administração do SUS eles devem ser considerados como parte das despesas de gestão do sistema dentro do SUS (HF111). O manual indica que esses servidores estão alocados no regime de financiamento do SUS. Na realidade, os trabalhadores do SUS em diversas entidades governamentais têm cobertura em planos de clientela fechada ou planos privados subsidiados pelos governos, independentemente de seu acesso aos serviços do SUS. Isso deve ser avaliado posteriormente para garantir a alocação adequada.

Para encerrar a discussão sobre regimes públicos/compulsórios, uma questão é se os gastos com o SUS capturam completamente as contratações de serviços de saúde por entidades federais, estaduais e municipais. A experiência de países da OCDE sugere que existem outras formas de financiar os cuidados de saúde além do regime "principal", como no caso do financiamento de serviços de saúde em escolas, prisões ou para cuidados de longo prazo. Um exemplo disso seria a Inglaterra, onde o NHS financia uma ampla gama de serviços de saúde para toda a população, mas grande parte dos gastos com cuidados de longo prazo é financiada por autoridades locais (fora do NHS). No Brasil, enquanto a grande maioria dos gastos públicos está a ser capturada poderia ser interessante investigar se há gastos públicos específicos para alguns serviços fora do SUS.

Na área de regimes voluntários, gastos em saúde por regimes de financiamento de instituições sem fins lucrativos (HF22) no Brasil, apesar de existentes, não foi possível identificá-los. De maneira geral, isso se refere aos produtos e serviços de saúde financiados por organizações não governamentais (ONGs) ou instituições de caridade, que atuam como regime de financiamento para a população ou seus grupos selecionados. Para contratar esses serviços, as instituições podem receber financiamento de entidades governamentais, de fontes nacionais por meio de doações ou taxas de associação, ou do exterior. Isso pode se referir, por exemplo, a atividades de cuidados de saúde organizadas pela Cruz Vermelha e financiadas por meio de doações, mas também por apoio governamental. Em toda a OCDE, 28 países conseguiram identificar gastos por esse tipo de regime em 2022. Em média, representou menos de 1% do total de gastos em saúde. Em países de baixa e média renda, as instituições de caridade tendem a desempenhar um papel maior, pois muitos fluxos de ajuda internacional podem ser canalizados por meio de ONGs nacionais. No caso do Brasil, pode ser útil analisar se uma pequena parte do financiamento proveniente de entidades governamentais, identificado no momento como gasto do SUS (HF111), seria mais apropriadamente classificada como transferências para alguns regimes de financiamento sem fins lucrativos.

Da mesma forma, os gastos com regimes de financiamento empresarial (HF23) também não são declarados no Brasil. O elemento mais importante nesta categoria está relacionado aos serviços de saúde prestados pelos empregadores aos seus empregados (por exemplo, exames de saúde no local de trabalho realizados por médicos da empresa). Alguns países da OCDE usam informações incluídas como consumo intermediário nos dados das Contas Nacionais (tabela de insumo-produto) ou estatísticas de estrutura de custos das indústrias como fontes para identificar esse tipo de gasto. Outra abordagem poderia ser acessar registros de medicina ocupacional que poderão estar disponíveis no Ministério do Trabalho. Além disso, esta categoria é usada para informar gastos de "regimes de financiamento de prestadores de serviços de saúde". Isso geralmente se refere a situações em que os prestadores precisam financiar parte dos serviços que prestam aos seus pacientes com as próprias receitas (fontes adicionais aos recursos que recebem dos regimes de financiamento), como por exemplo, quando prestadores privados operam com prejuízo financeiro. Em 2022, 27 países da OCDE declararam gastos por esse tipo de esquema, embora representando, em média, menos de 1% do total de gastos em saúde.

Em consonância com a maioria dos países da OCDE, os gastos por regimes de financiamento do resto do mundo (HF4) também não estão incluídos nas contas de saúde brasileiras. Esses modelos podem ser importantes em países onde uma parte significativa da população tem seus custos de saúde cobertos por regimes de financiamento internacionais ou onde agências de ajuda externa desempenham um papel decisivo no financiamento de programas de saúde sem intermediários nacionais. Nenhum desses casos parece ser relevante no Brasil.

Em resumo, todos os principais regimes de financiamento no Brasil foram identificados. Existem algumas lacunas de divulgação de informações e possíveis problemas de classificação para regimes públicos com clientela fechada. Faltam também duas categorias de regimes voluntários, embora normalmente ambas representem apenas uma parcela mínima do total de gastos em saúde. No entanto, é importante fazer um esforço no futuro para detectar fontes de dados que possam permitir um relato abrangente de todos os regimes de financiamento existentes, mesmo que isso não altere de modo significativo o panorama geral dos gastos em saúde no país.

4.2. Fontes de dados na mais recente iniciativa de contas de saúde no Brasil

Boas práticas na implementação e eventual institucionalização de contas de saúde em países exigem uma triagem sistemática de todas as fontes de dados potencialmente disponíveis que podem ser úteis na estimativa de gastos em saúde. Isso inclui, obviamente, quaisquer dados sobre transações financeiras no setor de saúde, mas também pode abranger dados secundários sobre atividades ou recursos físicos, os quais podem ser úteis para gerar "critérios de alocação" com o objetivo de distribuir os gastos em saúde entre diferentes funções de cuidados de saúde (HC) ou prestadores (HP). Ao identificar possíveis fontes de dados, deve-se considerar todas as dimensões do sistema de saúde, incluindo aqueles relacionados a gastos de agentes e regimes de financiamento, bem como fontes específicas dos prestadores de serviços ou do setor de saúde. Recomenda-se também o estudo de informações sobre gastos em saúde possivelmente incluídas em outros sistemas estatísticos, como o Sistema de Contas Nacionais.

4.2.1. O Brasil tem acesso a fontes de dados abrangentes sob a perspectiva do financiamento

O Brasil pode aproveitar uma infraestrutura robusta de dados de saúde, sobretudo no que se refere ao SUS. O manual brasileiro de CNS sugere que as fontes de dados disponíveis dos regimes e agentes de financiamento foram exploradas de maneira abrangente. A Figura 4.1 ilustra as fontes de dados identificadas que podem ser adequadas para o cálculo dos gastos em saúde, enquanto a Tabela 4.2 resume algumas características principais de cada uma dessas fontes.

Figura 4.1. Possíveis fontes de dados identificadas para a criação de contas de saúde brasileiras

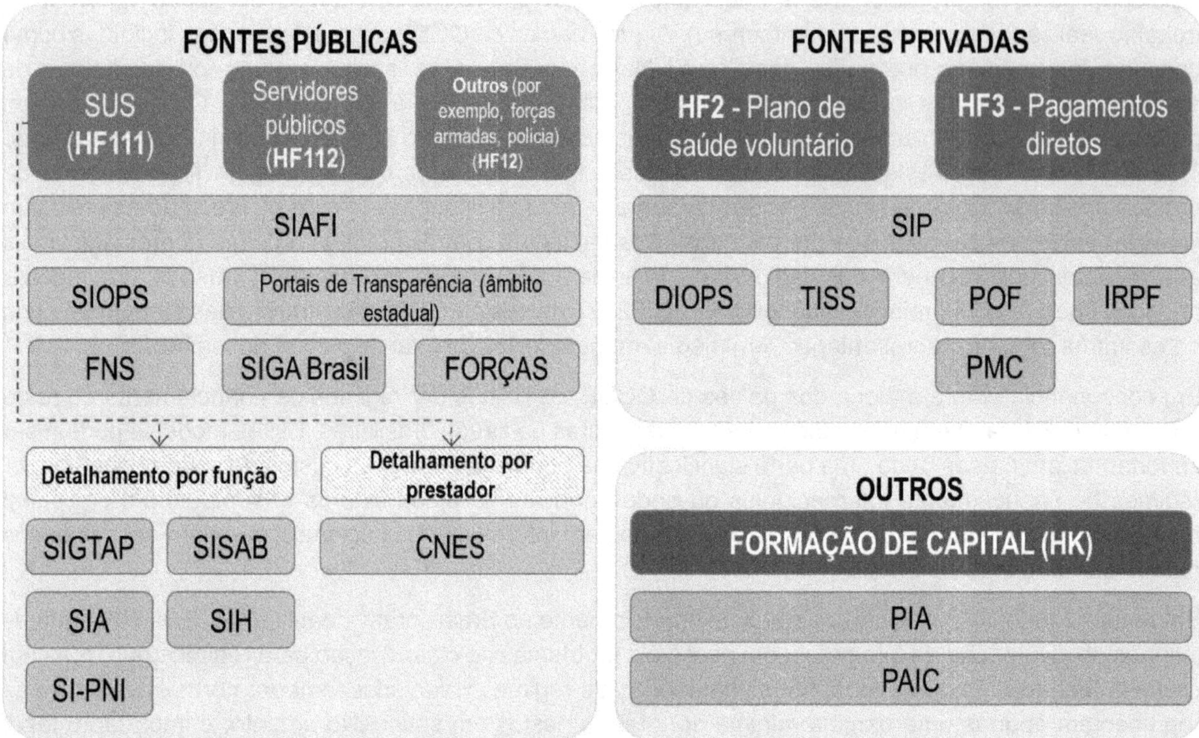

Observação: CNES: Cadastro Nacional de Estabelecimentos de Saúde, DIOPS: Documento de Informações Periódicas das Operadoras de Planos de Assistência à Saúde, FNS: Fundo Nacional de Saúde, IRPF: Imposto de Renda Pessoa Física, PAIC: Pesquisa Anual da Indústria da Construção, PIA: Pesquisa Industrial Anual, PMC: Pesquisa Mensal de Comércio, POF: Pesquisa de Orçamentos Familiares, SIA: Sistema de Informações Ambulatoriais, SIAFI: Sistema Integrado de Administração Financeira do Governo Federal, SIGA Brasil: Sistema de Informações Orçamentárias Gerenciais Avançadas Brasil, SIGTAP: Sistema de Gerenciamento da Tabela de Procedimentos do SUS, SIOPS: Sistema de Informações sobre Orçamentos Públicos em Saúde, SIP: Sistema de Informações de Produtos, SIH: Sistema de Informações Hospitalares, SISAB: Sistema de Informação em Saúde para a Atenção Básica, SI-PNI: Sistema de Informação do Programa Nacional de Imunizações, TISS: Padrão de Troca de Informações da Saúde Suplementar. FORÇAS: Forças Armadas.
Fonte: autores com base no Manual Brasileiro de Contas de Saúde.

Tabela 4.2. Panorama das fontes de dados no Brasil

Fonte de dados/instituição	Fonte/entidade	Tipo de dados	Outras informações	Frequência	Descrição
Sistema Integrado de Administração Financeira do Governo Federal	SIAFI	Monetário		Anual	Como principal instrumento de execução orçamentária, o SIAFI é a fonte de informações usada para despesas dos Ministérios da Saúde e da Educação (esse último referente a hospitais universitários financiados centralmente), enquanto o SIOPS é a fonte para gastos subnacionais.
SIGA Brasil	SIGA Brasil	Monetário		Anual	Um banco de dados de acesso aberto vinculado ao SIAFI. Inclui registros anuais sobre o processo orçamentário federal e a execução do orçamento. Abrange 100% das despesas do governo federal.

Fonte de dados/instituição	Fonte/entidade	Tipo de dados	Outras informações	Frequência	Descrição
Sistema de Informações sobre Orçamentos Públicos em Saúde	SIOPS/SUS	Monetário	Região	Bimestral	Banco de dados administrativo contendo dados sobre gastos em saúde dos governos federal, estadual e municipal. O sistema garante transparência ao informar o total das receitas e despesas de saúde de todos os entes federados. É utilizado para monitorar o cumprimento da aplicação mínima de recursos em ações e serviços públicos de saúde (ASPS).
Sistema de Informações Ambulatoriais	SIA/SUS	Volumes	Doença, região	Mensal	Base de dados administrativa de acesso aberto para procedimentos não hospitalares (ambulatoriais e outros) realizados e financiados pelo SUS. Usado para o detalhamento de HC.
Sistema de Informações Hospitalares	SIH/SUS	Volumes	Doença, região	Mensal	Base de dados de acesso aberto de procedimentos hospitalares realizados e financiados pelo SUS. Usado para o detalhamento de HC (hospitalar) no HF11.
Sistema de Informação em Saúde para a Atenção Básica	SISAB/SUS	Volumes	Doença, região	Mensal	Sistema de informação criado para o financiamento e implementação de programas e estratégias da Política Nacional de Atenção Básica.
Sistema de Gerenciamento da Tabela de Procedimentos do SUS	SIGTAP/SUS	Preços		Mensal	Contém cerca de 5.000 procedimentos de saúde e medicamentos, registrados em bancos de dados de utilização e codificados em funções de HC, sendo usados para detalhamento de HC no HF11.
Sistema de Informação do Programa Nacional de Imunizações	SI-PNI/SUS	Volumes			Contém dados sobre doses de imunização administradas de acordo com o tipo de doença, faixa etária e sexo. É usado para calcular despesas municipais no HC62. Custo da dose individual obtida no SIGA Brasil, enquanto os custos logísticos e de distribuição são estimados em 20% do custo do imunobiológico.
Portais de Transparência	Portais de Transparência/governos subnacionais	Monetário			Garantir a transparência dos processos administrativos nos níveis federal, estadual e municipal. Usados para calcular gastos de regimes fechados para servidores públicos no nível subnacional.
Documento de Informações Periódicas das Operadoras de Planos de Assistência à Saúde	DIOPS/ANS	Monetário	Região	Trimestral	Criado pela ANS para monitorar operadoras por meio da coleta de informações cadastrais, contábeis e financeiras. Isso está em conformidade com a exigência legal das operadoras de saúde de fornecer à ANS dados sobre suas atividades, incluindo a identificação dos consumidores e seus dependentes (como nomes e endereço de residência).
Padrão de Troca de Informações da Saúde Suplementar	TISS/ANS	Preços, volumes	Região	Mensal	Banco de dados que reflete informações compartilhadas por meio do TISS. Inclui informações detalhadas de produção (valores e volumes) de procedimentos de saúde. Usado para o detalhamento de HC para HF21.
Sistema de Informações de Produtos	SIP/ANS	Preços, volumes		Em tempo real	Banco de dados da ANS que fornece informações sobre produção (preço e volumes) de serviços de saúde no setor privado. Usado para o detalhamento de HC para HF21

Fonte de dados/instituição	Fonte/entidade	Tipo de dados	Outras informações	Frequência	Descrição
Imposto de Renda Pessoa Física/Pessoa Jurídica	IRPF e IRPJ	Outros		Em tempo real	Usado para extrapolar o desembolso direto (HF3) da pesquisa de orçamentos familiares mais recente
Pesquisa de Orçamentos Familiares	POF/IBGE (SIDRA)	Monetário	Região	Irregular (última vez em 2018)	Usada para calcular o desembolso direto (HF3) para o ano de referência e fornecer estrutura para subcategorias.
Pesquisa Mensal de Comércio	PMC/IBGE (SIDRA)	Monetário		Mensal	Usado para extrapolar o desembolso direto (HF3) (medicamentos) da pesquisa de orçamentos familiares mais recente
Fundo Nacional de Saúde	FNS	Monetário		Anual	Um banco de dados administrativo de acesso aberto para monitorar transferências do governo central para os subnacionais.

Fonte: autores com base no Manual Brasileiro de Contas de Saúde.

Seguem abaixo as principais características das fontes de dados essenciais que a equipe brasileira considerou na fase de desenvolvimento das contas de saúde. Diversas fontes de dados ou portais estão disponíveis para a obtenção de informações tanto sobre gastos públicos quanto sobre despesas de planos privados e das famílias. Além disso, existem várias fontes para mensurar a utilização de diferentes serviços de saúde.

Sistema Integrado de Administração Financeira do Governo Federal (SIAFI)

O Sistema Integrado de Administração Financeira do Governo Federal (SIAFI) é um instrumento utilizado para monitorar o orçamento e a gestão financeira das entidades integrantes do ***governo federal***. A ferramenta não é pública e o SIAFI é utilizado principalmente pelo Tesouro Nacional, órgão responsável pela administração e fiscalização dos recursos financeiros do governo federal.

A granularidade dos dados no sistema está focada no nível do governo federal, mas também permite identificar os valores transferidos para outros entes federativos, como estados, o Distrito Federal e municípios (https://siafi.tesouro.gov.br/).

SIGA Brasil

O objetivo do portal online SIGA Brasil é integrar dados de diversos sistemas orçamentários, como o SIAFI e o Sistema Integrado de Administração de Serviços Gerais (SIASG), em um único repositório, e tornar as informações do ***orçamento federal*** acessíveis ao público.

O SIGA Brasil fornece dados detalhados sobre o planejamento e a execução orçamentária, incluindo despesas, receitas, emendas parlamentares e transferências. O nível de granularidade dos dados permite uma análise detalhada dos gastos segundo (sub)funções, incluindo gastos em saúde, tipo de transação e órgão executor, entre outros (www12.senado.leg.br/orcamento/sigabrasil). A Figura 4.2 mostra algumas análises de alto nível sobre gastos em saúde que podem ser realizadas usando esse portal de dados.

Figura 4.2. Gastos federais com saúde por subfunções, 2024

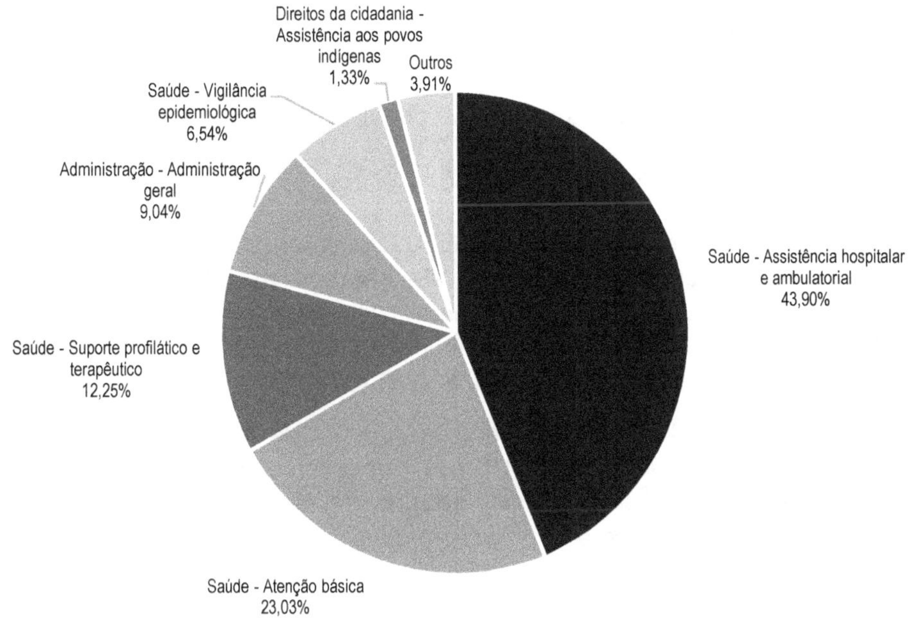

Observação: os dados dizem respeito aos gastos no nível federal e abrangem pagamentos executados, incluindo contas a pagar liquidadas de anos anteriores.
Fonte: SIGA Brasil (n.d.[3]), 2024. *SIGA Brasil*, www12.senado.leg.br/orcamento/sigabrasil, (acessado em 4 de março de 2025).

Sistema de Informações sobre Orçamentos Públicos em Saúde (SIOPS)

O Sistema de Informações sobre Orçamentos Públicos em Saúde (SIOPS) foi criado para monitorar se ***os municípios, os estados, o Distrito Federal, e o Governo Federal do Brasil*** cumprem as obrigações mínimas de gastos na área da saúde. O SIOPS reúne informações sobre receitas e despesas com serviços de saúde, de acordo com a classificação definida pela Secretaria do Tesouro Nacional. A utilização do sistema é obrigatória e proporciona transparência e controle sobre a aplicação mínima de recursos de saúde por cada ente federativo.

Os dados no SIOPS estão organizados de acordo com as subfunções orçamentárias da saúde e podem ser rastreados até a origem dos recursos (em caso de transferências entre níveis de governo). No entanto, as subfunções de saúde (como atenção básica, atendimento ambulatorial e hospitalar, suporte profilático e terapêutico, entre outras) não têm correspondência direta com as funções de cuidado do SHA (ICHA-HC). As informações presentes no SIOPS estão disponíveis ao público (http://siops.datasus.gov.br).

Portais de transparência dos estados e do Distrito Federal

De acordo com os requisitos para garantir a transparência dos atos administrativos em todos os níveis de governo, os portais de transparência específicos dos estados fornecem dados disponíveis publicamente sobre despesas e receitas orçamentárias, entre outras informações. Eles abrangem, por exemplo, os gastos públicos com todos os recursos humanos, inclusive com planos de saúde dos servidores públicos estaduais.

Sistema de Informações em Saúde para a Atenção Básica (SISAB-SUS)

O Sistema de Informações em Saúde para a Atenção Básica (SISAB-SUS) registra e disponibiliza informações detalhadas sobre os serviços de atenção básica prestados em todo o SUS. Ele utiliza prontuários médicos como base para coleta de dados e contém informações sobre consultas, visitas domiciliares, procedimentos odontológicos e atividades coletivas. Além disso, abrange dados não financeiros sobre as ações de saúde e as equipes que gerenciam a atenção básica nos municípios, nos estados e na União. O SISAB-SUS é uma ferramenta fundamental para monitorar a evolução do acesso à atenção básica em todo o país.

Os dados estão disponíveis ao público por meio do portal do SISAB (https://sisab.saude.gov.br/).

Sistemas de Informações Ambulatoriais (SIA-SUS)

O Sistema de Informações Ambulatoriais (SIA-SUS) foi criado para registrar e processar dados sobre todos os atendimentos ambulatoriais (exceto a atenção básica) realizados em unidades públicas e privadas conveniadas ao SUS. Ele utiliza como base para coleta de dados a Autorização de Procedimentos Ambulatoriais (APAC), abrangendo informações sobre consultas médicas, exames, procedimentos e seus custos conforme a Tabela SUS (SIGTAP).

A manutenção do SIA-SUS é de responsabilidade do Ministério da Saúde. Os dados são coletados a cada mês e disponibilizados no portal do DATASUS com um intervalo de aproximadamente três meses. Os dados detalhados estão disponíveis nos níveis estadual, municipal e até mesmo da unidade hospitalar (https://datasus.saude.gov.br/acesso-a-informacao/producao-ambulatorial-sia-sus/).

Sistema de Informações Hospitalares (SIH-SUS)

O Sistema de Informações Hospitalares (SIH-SUS) registra e processa dados relativos aos serviços hospitalares prestados em todo o SUS, abrangendo unidades públicas e privadas. Com base na autorização de internação hospitalar, as informações necessárias para cada uma delas abrangem diagnósticos, procedimentos realizados, tempo de internação e custos dos procedimentos conforme a Tabela SUS (SIGTAP).

O Ministério da Saúde é responsável pela manutenção do SIH-SUS e os dados estão disponíveis no DATASUS em nível de unidade hospitalar, municipal e estadual. (http://datasus.saude.gov.br/acesso-a-informacao/producao-hospitalar-sih-sus/).

Sistema de Gerenciamento da Tabela de Procedimentos, Medicamentos e OPM do SUS (SIGTAP)

O SIGTAP é um sistema de gestão para gerenciar mais de 4.600 itens sobre procedimentos, medicamentos, dispositivos médicos como órteses e próteses e materiais especiais utilizados no SUS (Tabela 4.3). Desenvolvido pelo Ministério da Saúde, seu objetivo é aumentar a transparência no uso de recursos nos diversos níveis de governo. Ele é usado para gestão de recursos e faturamento e serve como base para transferências financeiras entre o governo federal, os estados, o Distrito Federal e os municípios.

As informações são de acesso público no site do sistema (https://sigtap.datasus.gov.br/). O SIGTAP pode ser associado aos dados de atividade incluídos no SISAB-SUS e no SIA-SUS para calcular as despesas de saúde para esses serviços.

Tabela 4.3. Classificação de alto nível das atividades de saúde utilizadas no SIGTAP

Ações de promoção e prevenção da saúde	Procedimentos com finalidade diagnóstica	Procedimentos clínicos	Procedimentos cirúrgicos	Transplantes de órgãos, tecidos e células	Medicamentos	Órteses, próteses e materiais especiais	Ações complementares da atenção à saúde	Procedimentos para ofertas de cuidados integrados
Ações coletivas e individuais em saúde Vigilância em saúde	Radiologia Endoscopia Coleta de material	Consultas Fisioterapia Tratamento em oncologia Parto e nascimento Tratamentos odontológicos	Aparelho circulatório Sistema nervoso Oncologia Obstétrica Anestesiologia	Coleta e exames Processamento de tecidos Transplante	Âmbito hospitalar e urgência Estratégicos Dispensação excepcional	Relacionados ao ato cirúrgico Não relacionados ao ato cirúrgico	Telessaúde Ações relacionadas ao atendimento Regulação Ações relacionadas ao estabelecimento	Atenção em oncologia Atenção em cardiologia Atenção em oftalmologia

Observação: a classificação mostra apenas os grupos de atividades no nível mais alto e exemplos de subgrupos.
Fonte: DATASUS (n.d.[4]), *SIGTAP – Sistema de Gerenciamento da Tabela de Procedimentos, Medicamentos e OPM do SUS* http://sigtap.datasus.gov.br/tabela-unificada/app/sec/inicio.jsp, (acessado em 4 de março de 2025).

Documento de Informações Periódicas das Operadoras de Planos de Assistência à Saúde (DIOPS/ANS)

Os Documento de Informações Periódicas das Operadoras de Planos de Assistência à Saúde (DIOPS) são um conjunto de informações padrão que todas as entidades que gerenciam planos de saúde voluntários precisam enviar trimestralmente à Agência Nacional de Saúde Suplementar (ANS), a agência federal que regula os planos de saúde privados. O DIOPS permite que a ANS monitore a situação econômica e financeira de todas as operadoras de planos de saúde, incluindo demonstrações financeiras sobre receitas e despesas (Tabela 4.4).

Os dados ficam disponíveis dois meses após o encerramento de cada trimestre e podem ser acessados publicamente no portal da ANS (Dados do Setor – Agência Nacional de Saúde Suplementar).

Tabela 4.4. O DIOPS oferece um panorama da situação financeira das operadoras de planos de saúde

Receitas e despesas de todas as operadoras de planos privados de assistência à saúde, em milhões de reais, 2019-24

Ano	Pagamentos de prêmio recebidos	Outras receitas operacionais	Despesas com sinistros	Despesas administrativas	Despesas de comercialização	Outras despesas operacionais	Receita administrativa
2019	213.457	12.739	174.539	21.541	6.503	16.293	0
2020	223.431	10.811	167.220	21.873	7.202	17.516	0
2021	245.403	12.989	207.649	24.024	7.981	18.121	0
2022	238.308	15.540	208.139	25.930	8.364	20.728	23
2023	282.295	15.750	240.833	28.619	9.607	23.872	349
2024	316.311	18.587	259.758	31.787	11.029	26.963	85

Fonte: ANS (2025[5]), *Dados Gerais – Receita de contraprestações das operadoras* (em Reais) (Brasil – 2015-2024), www.gov.br/ans/pt-br/acesso-a-informacao/perfil-do-setor/dados-gerais (acessado em 31 de março de 2025).

Troca de Informações na Saúde Suplementar (TISS/ANS)

O Padrão de Troca de Informações na Saúde Suplementar (TISS) é hospedado pela ANS. Desde 2012, todas as operadoras de planos de saúde são obrigadas a utilizar um formato padrão para envio de dados sobre serviços de saúde prestados na abrangência dos planos regulamentados pela ANS. Os dados são muito granulares e incluem informações sobre os beneficiários que recebem os serviços, seus prestadores, os procedimentos realizados, os custos associados e a quantidade de serviços. Eles incluem milhares de procedimentos.

Os dados estão disponíveis trimestralmente e podem ser analisados por meio de uma ferramenta analítica de TI em um portal de dados e permitem, por exemplo, uma comparação dos custos médios do mesmo procedimento em diferentes estados ou o número total de procedimentos realizados (www.gov.br/ans/pt-br/acesso-a-informacao/perfil-do-setor/dados-e-indicadores-do-setor/d-tiss-painel-dos-dados-do-tiss).

Sistema de Informações sobre Produtos (SIP/ANS)

O Sistema de Informações de Produtos (SIP) é hospedado e monitorado pela ANS. Todas as operadoras de planos privados de assistência à saúde precisam declarar o número de pedidos de reembolso de despesas por categoria, como procedimentos preventivos, consultas, exames, hospitalizações etc. Elas também precisam apresentar custos para grupos de atividades em um nível altamente agregado (por exemplo, para hospitalizações, serviços de imagem).

No SIP, as operadoras de planos privados de assistência à saúde também devem informar o compartilhamento de custos dos beneficiários, caso o plano privado não esteja cobrindo o custo total de um serviço específico.

Pesquisa de Orçamentos Familiares (POF/IBGE)

A Pesquisa de Orçamentos Familiares (POF) é realizada pelo Instituto Brasileiro de Geografia e Estatística (IBGE) de maneira regular, mas pouco frequente. Os últimos dados disponíveis são da onda de 2018. Em pesquisas de orçamentos familiares, uma amostra representativa de famílias deve fornecer informações sobre sua renda, bem como seus padrões de gastos e consumo, inclusive em produtos e serviços de saúde. As pesquisas sobre orçamentos familiares são uma fonte importante para avaliar o desembolso direto em contas nacionais de saúde em muitos países da OCDE e além.

Cadastro Nacional de Estabelecimentos de Saúde (CNES)

O Cadastro Nacional de Estabelecimentos de Saúde (CNES) é de suma importância para uma possível ampliação da aplicação das contas de saúde, a fim de identificar os gastos em saúde por prestador de saúde (HP). O CNES abrange todos os estabelecimentos de saúde ambulatoriais e hospitalares licenciados no Brasil e inclui informações sobre localização, força de trabalho, equipamentos e serviços fornecidos, entre outras informações. Os bancos de dados do SUS sobre atividades exigem o uso de códigos CNES, o que permitiria um mapeamento entre serviços e prestadores. Há 45 categorias de prestadores no CNES que podem ser mapeadas na classificação internacional de HP.

Avaliação de fontes de dados

Para a elaboração das contas de saúde, o Brasil conta com inúmeras fontes de dados orçamentários e financeiros, além de fontes de monitoramento da atenção básica, dos serviços ambulatoriais especializados e da atividade hospitalar no SUS. Também existem fontes de dados que refletem preços de referência para produtos e atividades. Comparado a vários países da OCDE, o Brasil parece estar em posição privilegiada no que diz respeito à disponibilidade de dados sobre planos de saúde privados. Entende-se que a partir de 2024 poderá ser possível produzir dados tri-axiais para HF.2.1. No entanto, fontes de dados sobre gastos (ou receitas) em saúde, da perspectiva do setor ou do prestador de saúde, parecem estar ausentes no Brasil. Esse tipo de dado costuma ser extremamente útil para a triangulação com dados obtidos do lado do financiamento e pode validar os resultados das contas de saúde e calibrá-los ainda mais.

4.3. Avaliação da metodologia de estimativa de gastos em saúde aplicada no manual brasileiro de contas de saúde

4.3.1. O total de gastos em saúde é estimado por meio de regimes de financiamento antes de ser atribuído aos diversos serviços

Conforme mencionado na Seção 4.1, a abordagem geral adotada pelo Brasil para estimar os gastos em saúde, conforme documentado em seu manual de Contas Nacionais de Saúde, prioriza fontes de dados da perspectiva dos regimes de financiamento. Essa é uma abordagem comum em vários países da América Latina, mas também frequente em nações com grandes sistemas de saúde financiados pelo governo, como o Reino Unido. Na prática, isso significa que, para um regime de financiamento específico, são usadas uma ou mais fontes de dados para estabelecer o valor total dos gastos em saúde por regime de financiamento. Em seguida, em uma segunda etapa, esses gastos são distribuídos para as diversas funções de cuidados de saúde (HC).[4] Em futuras iterações das contas de saúde no Brasil, essa segunda etapa também deve incluir a alocação dos gastos aos prestadores de saúde (HP).

Gastos do SUS

Conforme discutido no Capítulo 3, o Sistema Único de Saúde (SUS) é o principal regime de financiamento do sistema de saúde brasileiro, fornecendo direitos universais de acesso a um conjunto de produtos e serviços abrangentes desse setor para a população, desde a atenção básica até a terciária, e financiado por uma combinação complexa de financiamento federal, estadual e municipal. Assim, há uma clara importância na adoção de uma metodologia robusta para determinar estimativas precisas tanto das ***despesas gerais*** do SUS quanto, na segunda etapa, a ***alocação abrangente de gastos entre as funções*** de assistência (e/ou prestadores) por meio da integração de dados financeiros mais desagregados ou informações secundárias, como atividades e custos unitários.

Criação de um "total de controle"

O ponto de partida é estabelecer um "total de controle" (ou uma estimativa de gasto no nível mais agregado) usando fontes de dados consolidadas que ofereçam detalhes suficientes para respeitar o limite de saúde definido pelo SHA. O financiamento do SUS vem dos três níveis de governo (federal, estadual e municipal), o que deixa o processo mais complexo e exige a aplicação consistente de conceitos e limites para determinar a estimativa global de gastos.

Para o ***orçamento federal***, os dados de despesas dos Ministérios da Saúde e da Educação[5] são extraídos no SIAFI de acordo com as funções de saúde e educação definidas no sistema brasileiro de acompanhamento de orçamentos públicos (MCASP). Para as subfunções relacionadas com saúde, a criação e aplicação de filtros para a conformidade com os limites e conceitos do SHA é uma etapa crucial para determinar corretamente a inclusão ou exclusão de itens de despesa específicos. Por exemplo, certas subfunções de saúde poderiam, em teoria, ser combinadas com a função geral de educação e vice-versa. Um item fundamental no Brasil é o gasto em saúde coberto pelo total importante de ASPS ("ações e serviços públicos de saúde"), mas são realizados ajustes. Por exemplo, as despesas de capital incluídas em ASPS no SIAFI são indicadas corretamente como excluídas para os fins das contas de saúde. As unidades orçamentárias não pertencentes às ASPS, mas vinculadas ao Ministério da Saúde (como Fundo Nacional de Saúde, Fiocruz, Funasa, Agência Nacional de Saúde Suplementar e Agência Nacional de Vigilância Sanitária), são identificadas e incluídas. A inclusão dessas transações como gasto do SUS (HF111) é adequada do ponto de vista do regime de financiamento, se essas agências puderem ser consideradas agentes de financiamento que implementam o SUS. Caso contrário, seria necessário classificá-las de outra forma e tratar a transferência do SUS como um "fluxo de receita" para outro regime de financiamento. Essa distinção pode ser importante para a análise do financiamento/gasto do SUS em etapas posteriores do desenvolvimento das contas de saúde no Brasil.

As subfunções de saúde no sistema de monitoramento do orçamento público brasileiro estão destacadas na (Tabela 4.5).

Tabela 4.5. Classificação das subfunções de saúde para monitoramento do orçamento público

Subfunção	Descrição
Atenção básica	Abrange despesas relacionadas a serviços de atenção básica, incluindo programas de saúde familiar, unidades básicas de saúde e iniciativas de saúde comunitária.
Assistência hospitalar e ambulatorial	Inclui financiamento para hospitais, serviços ambulatoriais especializados e cuidados de média e alta complexidade.
Suporte profilático e terapêutico	Refere-se a gastos com serviços de suporte ao diagnóstico e tratamento, como exames laboratoriais e de imagem e bancos de sangue.
Assistência farmacêutica	Abrange a aquisição e distribuição de medicamentos, bem como os serviços farmacêuticos prestados pelo sistema público de saúde.
Vigilância em saúde	Inclui atividades de vigilância epidemiológica, ambiental e sanitária, como monitoramento de doenças, controle de vetores e inspeções de segurança alimentar.
Alimentação e nutrição	Abrange programas que visam combater a desnutrição, iniciativas de segurança alimentar e intervenções dietéticas para a saúde pública.

Fonte: Ministério do Planejamento, Orçamento e Gestão (n.d.[6]), *Orçamento Federal*, www.orcamentofederal.gov.br/orcamentos-anuais/orcamento-1999/Portaria_Ministerial_42_de_140499.pdf, (acessado em 31 de março de 2025).

As despesas de saúde relevantes no âmbito das função educacional (financiadas pelo orçamento do Ministério da Educação) limitam-se àquelas incorridas pelos hospitais universitários. A identificação também pode ser feita identificando as instituições que executam o orçamento, por exemplo, no caso de instituições de saúde vinculadas ao Ministério da Educação. A metodologia do manual refere-se explicitamente à inclusão de "despesas correntes em ações relacionadas à modernização destas instituições", mas não está claro se elas devem ser consideradas despesas de capital e, portanto, excluídas. A metodologia identifica corretamente as despesas do Ministério da Educação como transferências separadas no SIAFI do financiamento regular do teto da MAC, garantindo que despesas adicionais sejam contabilizadas de maneira objetiva.

Uma atualização na nova metodologia (comparada à implementação-piloto das contas de saúde) alinha o cronograma de execução orçamentária entre os níveis federal, estadual, distrital e municipal, adotando as "despesas liquidadas" como base de registro. Embora essa abordagem proporcione consistência entre as fontes e reflita melhor as despesas do governo federal, ela pode não estar totalmente em conformidade com o princípio de competência do SHA, que mensura as despesas com base no momento do consumo e não no pagamento ou na liquidação. A inclusão de compromissos ou pagamentos a serem realizados pode ser mais adequada se houver atrasos significativos.

As despesas ***dos estados, do Distrito Federal e dos municípios*** são identificadas usando o SIOPS, que classifica e informa a origem de cada recurso, garantindo que os valores transferidos pelo governo federal às entidades subnacionais não sejam contabilizados como recursos próprios dessas esferas. As transferências são categorizadas separadamente e consideradas despesas federais, mesmo quando executadas por estados ou municípios. Essa distinção elimina a necessidade de subtrair as transferências federais do total de despesas, pois elas já são registradas como despesas federais, evitando dupla contagem e assegurando a correta categorização dos recursos (por exemplo, despesas federais versus estaduais ou municipais).

O manual ajusta o total de despesas correntes das ASPS identificado no SIOPS para excluir pagamentos relacionados a "Aposentados e Pensionistas", pois eles não fazem mais parte da força de trabalho produtiva. Esclarecer quais tipos de pagamentos foram excluídos pode ajudar a confirmar se a decisão foi adequada, já que pensões a médicos aposentados, por exemplo, costumam ser registradas como despesas de previdência social, e não como gastos em saúde.

Dessa forma, o ***total de despesas do SUS*** é obtido a partir da soma dos gastos em saúde do governo federal (via SIAFI) e dos estados, do Distrito Federal e dos municípios (via SIOPS). Considerando os pontos levantados, a metodologia adotada para calcular o total de controle do SUS parece ser robusta, com base nas melhores fontes disponíveis ligadas à execução orçamentária, mesmo que elas não forneçam dados detalhados de elaboração.

Os gastos do SUS são classificados segundo diferentes mecanismos de financiamento, como Piso de Atenção Básica (PAB), Assistência de Média e Alta Complexidade (MAC) e Fundo de Ações Estratégicas e Compensação (FAEC), com base nas estruturas orçamentárias vigentes. O método de alocação desses subcomponentes será avaliado em mais detalhes na próxima seção.

Alocação entre funções

Após determinar o gasto total do SUS, esse valor precisa ser alocado às funções de cuidados de saúde (HC) para refletir como os recursos financeiros são usados. Para isso, é preciso calcular um ou mais "critérios de alocação". A abordagem consiste em vincular dados detalhados de produção de saúde (como volumes de serviços) a informações orçamentárias agregadas (Tabela 4.3). Isso permite uma análise granular dos gastos em saúde por funções e agentes financiadores (federal, estadual ou municipal). No entanto, a conciliação dos totais ajustados depende de fatores de expansão obtidos usando dados de produção e reembolso de procedimentos do SUS.

Figura 4.3. Vínculo entre sistemas de dados para elaborar e distribuir estimativas do SUS

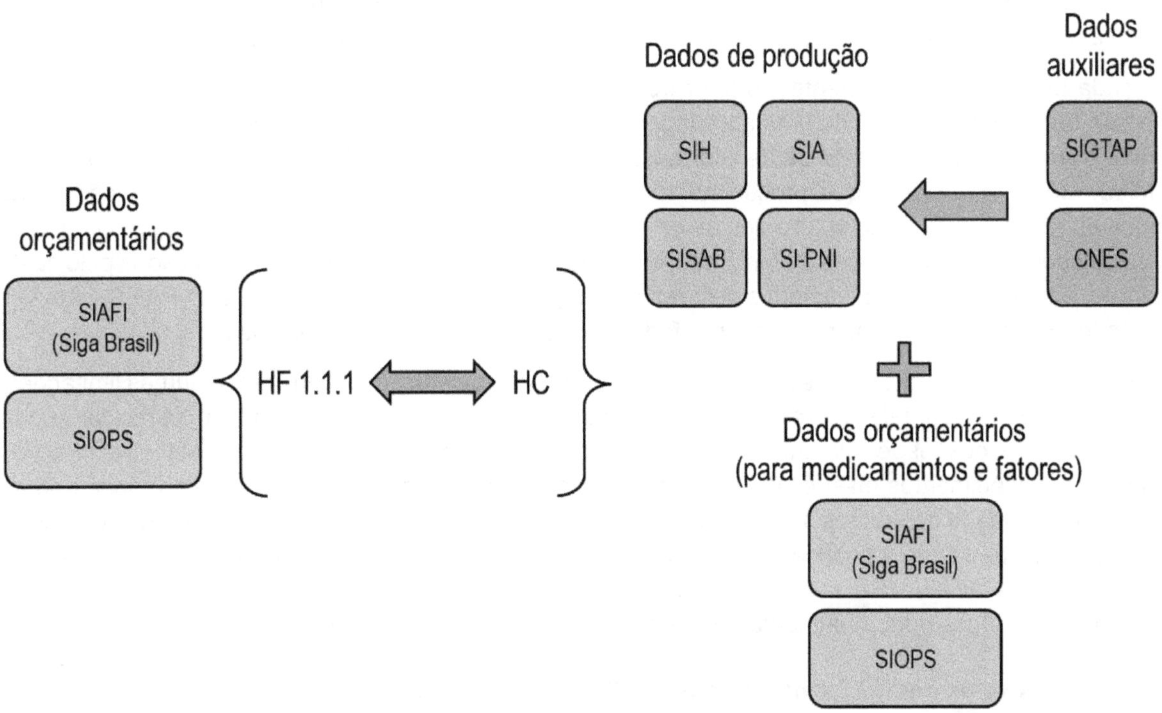

Fonte: Manual Brasileiro de Contas Nacionais de Saúde.

A principal questão para o Brasil é que os dados orçamentários usados para definir o gasto total do SUS contam com poucas subdivisões funcionais, o que dificulta a alocação completa das despesas nas categorias funcionais do SHA. Para corrigir isso, bancos de dados que incluem informações sobre utilização e custos são aproveitados para fornecer informações em um nível de serviço muito mais detalhado.

A abordagem utiliza os sistemas de informação em saúde – SIA/SUS, SIH/SUS, SISAB e SI-PNI – como bases de dados de atividades em conjunto com o SIGTAP, que inclui informações de preços de serviços e procedimentos. A lista detalhada de procedimentos no SIGTAP é mapeada para a classificação funcional de HC. Isso garante que as despesas com saúde sejam categorizadas corretamente por tipo de serviço, entidade financiadora e nível geográfico. O resultado é uma tabela detalhada que vincula dados financeiros à prestação de serviços, fornecendo uma representação mais precisa dos gastos em saúde em diferentes níveis de governo.

Existem alguns desafios. O SIGTAP não corresponde exatamente à classificação funcional. Embora classifique procedimentos, medicamentos e dispositivos médicos dentro do SUS, ele não os categoriza de maneira inerente por ambiente de cuidados de saúde (por exemplo, atendimento hospitalar versus ambulatorial). Talvez seja necessário um processamento de dados adicional para alocar procedimentos do SIGTAP com precisão dentro da estrutura do SHA. Entretanto, distinções podem ser inferidas indiretamente usando outras bases de dados do SUS, como o SIA/SUS (atendimento ambulatorial) e o SIH/SUS (atendimento hospitalar). Além disso, o SIGTAP não tem informações financeiras diretas para procedimentos de Piso de Atenção Básica (PAB), sendo necessário o uso de indicadores para estimar despesas. Especificamente, eles se baseiam em um relatório de 2002 que atribuiu valores a esses procedimentos e que são então atualizados com base na inflação anual.

Depois que o mapeamento e a estrutura detalhada de despesas com base na combinação de bancos de dados de atividades com o SIGTAP estiverem concluídos, os totais devem estar alinhados às despesas orçamentárias agregadas usando fatores de expansão que variam de acordo com o tipo de serviço de saúde. Esses fatores de expansão ajustam o detalhamento das despesas de saúde para garantir que, quando agregados, estejam alinhados com os "totais de controle" predefinidos para o subcomponente.

Para cada um dos subcomponentes, o fator de expansão e o processo são distintos. Para a ***MAC***, as despesas são calculadas usando uma abordagem de ponderação de despesas, multiplicando os valores financeiros registrados nos sistemas de informação de saúde (SIA, SIH e SISAB) pelo fator de expansão da MAC. Como os valores dos procedimentos de atenção básica financiados pelo ***PAB*** não estão disponíveis diretamente no SIGTAP, eles devem ser calculados usando indicadores de custo. Os gastos são calculados com base no peso unitário, multiplicando o número de procedimentos realizados pelo custo unitário e, em seguida, sendo ajustados pelo fator de expansão do PAB. As despesas do ***FAEC***, uma vez que são totalmente financiadas pelo governo federal, não exigem fatores de expansão.

Em resumo, apesar de seus pontos fortes gerais, a abordagem de alocação ainda tem algumas limitações. A dependência de estimativas históricas aproximadas de custos (no SIGTAP), em particular, pode introduzir imprecisões, especialmente dadas as variações regionais e mudanças nos custos relativos de saúde entre procedimentos e serviços. As discrepâncias entre diferentes sistemas de informação podem afetar a confiabilidade dos dados. Para aprimorar a precisão, seria necessário maior harmonização entre bases de dados de saúde e financeiras, além de atualizações periódicas dos indicadores de custos para refletir os gastos atuais com mais precisão. Os refinamentos futuros nas técnicas de integração e classificação de dados podem aumentar ainda mais a confiabilidade das estimativas de gastos do SUS.

Estimativa de gastos farmacêuticos no SUS

A identificação dos gastos farmacêuticos no SUS é independente dos métodos que utilizam fatores de expansão. A metodologia para estimar os gastos farmacêuticos pelo SUS utiliza a mesma abordagem da Conta-Satélite de Saúde, com uma diferença importante. No nível subnacional (estados, Distrito Federal e municípios), a estimativa é derivada da soma das categorias de despesas relacionadas a medicamentos no banco de dados do SIOPS. Assim como em outros gastos, o foco está nas despesas liquidadas. No nível federal, são utilizados dados do SIAFI. A estimativa inclui despesas classificadas na Função 10 (Saúde), com foco nas despesas correntes e nas ações orçamentárias vinculadas aos programas de assistência farmacêutica. O Programa Farmácia Popular do Brasil (PFPB), que oferece medicamentos gratuitos ou subsidiados para doenças crônicas, é um componente essencial dos gastos farmacêuticos. A estimativa não se baseia nos procedimentos de assistência farmacêutica registrados no sistema SIA/SUS, o que pode levar a uma possível subestimação do gasto farmacêutico (varejo) no SHA caso esses procedimentos registrados no SIA/SUS também incluam a entrega direta de medicamentos aos pacientes (e não utilizados como parte de um tratamento hospitalar).

Diferentemente da Conta-Satélite de Saúde, os gastos com produtos farmacêuticos incluem as transferências federais para o PFPB. Isso garante que o SHA capture as despesas relacionadas ao consumo farmacêutico, mantendo a consistência com as metodologias nacionais das contas de saúde.

Despesas por regimes para servidores públicos

O regime de financiamento por clientela fechada abrange planos de saúde para servidores públicos, mas seu mapeamento ainda é incompleto, sobretudo no nível municipal. Atualmente, apenas o governo federal e a maioria dos governos estaduais estão incluídos nas estimativas. Essa limitação implica que uma parte dos gastos com saúde de servidores públicos no Brasil pode não estar sendo contabilizada. No caso dos empregados estaduais, um aumento proporcional com base no número de servidores públicos não contemplados poderia ser uma solução provisória para evitar subestimações relevantes. O uso de planos fechados por servidores municipais também deveria ser explorado, já que representam um grupo potencialmente grande, embora possam ter menor adesão a esses regimes do que empregados federais e estaduais. Além disso, conforme mencionado na Seção 4.1 sobre regimes de financiamento, a classificação dos trabalhadores da saúde como servidores públicos e as despesas médicas associadas aos planos fechados também devem ser revisadas.

Para calcular essas despesas, as fontes de dados variam de acordo com o nível de governo. Para o governo federal, as informações são obtidas do SIAFI, considerando apenas as despesas correntes (liquidadas), excluindo as despesas do Ministério da Saúde (incluídas no SUS), bem como do Ministério da Defesa (incluídas separadamente como um regime para militares). Para cada um dos estados, os dados são coletados dos Portais de Transparência, e os marcos regulatórios são revisados para determinar se existem planos de saúde para servidores públicos. São gerados relatórios para quantificar os gastos das instituições responsáveis pela gestão desses planos. Parece não haver dados disponíveis para identificar as categorias funcionais dos gastos em saúde desses planos fechados. Assim, utiliza-se como referência a distribuição dos gastos por tipo de serviço estimada para o plano de saúde voluntário (HF21), a fim de detalhar as despesas por tipo de atendimento.

Em resumo, a metodologia apresenta várias limitações. Os planos de saúde em nível municipal ainda não foram mapeados e há necessidade de mais pesquisas para esclarecer o fundamento jurídico desses gastos. Além disso, ainda não está claro quais poderes do governo (executivo, legislativo, judiciário) são abrangidos pelas estimativas. Ampliar a abrangência da coleta de dados e harmonizar metodologias entre os diferentes níveis de governo ajudaria a aprimorar a precisão das estimativas em revisões futuras. Por fim, no futuro, poderia ser considerada a possibilidade de desenvolver um detalhamento funcional específico, em vez de utilizar uma distribuição aproximada para alocar o total de gastos em saúde.

Gastos por regimes para militares e forças armadas

A estimativa dos regimes governamentais contributivos compulsórios (HF.1.2) concentra-se nas despesas federais de saúde para as Forças Armadas. As despesas semelhantes de regimes voltados às forças de segurança pública em níveis estadual e municipal ainda não foram incluídas. Na abordagem atual, a metodologia baseia-se principalmente nos dados do SIAFI para extrair as despesas liquidadas sob a função defesa nacional, filtrando-as para isolar despesas relacionadas à saúde. Esse processo de filtragem considera três elementos principais: (i) despesas de unidades gestoras que executam o orçamento de saúde do Ministério da Defesa; (ii) gastos em saúde em outras unidades orçamentárias militares; e (iii) despesas com ações orçamentárias diretamente ligadas a serviços de saúde e benefícios obrigatórios por lei. A abordagem estruturada garante que apenas despesas relevantes sejam classificadas em HF.1.2.

Uma vez estimadas essas despesas, elas são alocadas às funções de cuidados de saúde (HC). Contudo, devido à ausência de dados públicos e desagregados sobre os serviços prestados no sistema militar, a metodologia utiliza como aproximação os dados de produção dos hospitais federais extraídos do SIA e do SIH para distribuir esses gastos entre as funções de saúde. Essa suposição se baseia na ideia de que o padrão de produção hospitalar federal pode representar, de maneira aproximada, o uso dos serviços de saúde militar. Embora isso forneça um método prático para estimar a distribuição de serviços, ele pode não capturar totalmente as características distintas da assistência médica militar, como atendimento especializado para pessoal da ativa, diferentes estruturas de financiamento e instalações de tratamento específicas para militares.

Apesar da coerência metodológica, existem áreas que precisam ser melhoradas. É necessário buscar alternativas para capturar de forma abrangente os gastos desses regimes além das Forças Armadas. Na distribuição funcional das despesas, a dependência de indicadores pode gerar imprecisões, já que os dados dos hospitais federais nem sempre refletem o uso real dos serviços de saúde militar. A ausência de dados públicos e detalhados sobre a produção militar também limita a precisão das alocações de custos. Para aumentar a precisão, fontes de dados mais diretas – como relatórios ou auditorias internas da saúde das Forças Armadas – devem ser integradas ao processo de estimativa. Além disso, maior transparência e padronização no registro dessas despesas ajudariam a refinar análises futuras e alinhá-las mais de perto com as classificações funcionais do SHA.

Gastos com plano de saúde voluntário

A abordagem usada para estimar os gastos em saúde do plano de saúde voluntário em geral e por função de cuidados de saúde é semelhante àquela aplicada ao SUS, mas menos complexa.

Os gastos gerais do plano de saúde voluntário são gerados pelo DIOPS, a ferramenta de monitoramento que permite à ANS avaliar a situação financeira de todas as operadoras de planos de saúde e inclui demonstrações financeiras sobre receitas e despesas. Para determinar o gasto total do plano de saúde voluntário, todos os itens de custo de alto nível de todas as operadoras de planos de saúde incluídas no DIOPS são agregados: Isso inclui despesas de seguro para sinistros (ou eventos indenizáveis), outras despesas operacionais, despesas de comercialização e administrativas, além da remuneração para administradores de benefícios.

Uma primeira etapa para distribuir esse valor geral de despesas com saúde para o HF21 às categorias funcionais do SHA pode ser feito com informações incluídas no DIOPS: Todas as despesas de comercialização, administrativas e a remuneração dos administradores de benefícios atendem à descrição de "administração de sistemas de saúde" segundo o SHA e, portanto, são categorizadas como HC.7. Consequentemente, os demais custos são considerados nas categorias HC.1-HC.6 e precisam ser alocados com base em outro método.

Para essa alocação, a equipe de contas de saúde brasileira combina os sistemas de informação de dados SIP e TISS, ambos gerenciados pela ANS. Para todas os operadoras de planos privados, o SIP registra o número e o tipo de atividade financiada para beneficiários de seguros privados e relata os custos para grupos de atividades em um alto nível de agregação. O TISS inclui informações mais detalhadas sobre os procedimentos realizados para atendimento ambulatorial e hospitalar e também pode gerar custos médios por atividade. Assim, para utilização nas contas de saúde brasileiras, o SIP e o TISS se complementam. Devido à falta de granularidade, o uso exclusivo do SIP não seria suficiente para alocar gastos com plano de saúde voluntário às categorias detalhadas de HC no SHA. Para obter o nível adicional de detalhes, é necessário adicionar informações do TISS.

A abordagem usada no Brasil para identificar e distribuir gastos do plano de saúde voluntário parece, em geral, robusta. Comparado a vários países da OCDE, o Brasil parece estar em uma posição privilegiada no que diz respeito à disponibilidade de dados para estimar os gastos com planos de saúde privados. No entanto, uma questão que o país poderia abordar na próxima iteração da elaboração de contas de saúde é a determinação dos gastos administrativos do plano de saúde privado. Embora vários países da OCDE também calcule os gastos administrativos totais para planos privados pela soma de vários itens de custo, a recomendação real no Manual SHA 2011 é mensurar os gastos administrativos como "produção do plano", definida como prêmios totais ganhos mais suplementos de prêmios menos sinistros ajustados incorridos. Esse método costuma aumentar os custos administrativos estimados, pois isso também incluirá os lucros das operadoras de planos de saúde.

Desembolso direto

Para a mensuração do desembolso direto, excluindo a participação nos custos (HF31), a equipe de contas de saúde brasileira se baseia na Pesquisa de Orçamentos Familiares (POF), realizada regularmente pelo IBGE. A principal vantagem de incorporar dados da POF nas contas de saúde está em sua ampla disponibilidade e aplicabilidade. Seus tamanhos de amostra geralmente são grandes o bastante para serem estatisticamente robustos e refletirem toda a população.[6] A pesquisa abrange todos os gastos de saúde arcados de maneira privada, incluindo o custo compartilhado com pagadores terceirizados, assim como as compras realizadas pelo paciente. Deve-se ter cuidado ao excluir quaisquer pagamentos de prêmios do plano de saúde voluntário – eles não são considerados pagamentos diretos (HF3), mas devem ser incluídos como receitas do regime de financiamento do plano de saúde voluntário (HF21) – caso a tabela HFxFS seja apresentada. Uma das principais desvantagens do uso da POF é que ela é realizada com pouca frequência, normalmente apenas a cada cinco anos.

No Brasil, os últimos dados disponíveis da POF são provenientes da pesquisa[7] de 2018, na qual foram incluídas dez categorias de gastos em saúde (Tabela 4.6). Essas categorias podem ser mapeadas de um jeito relativamente claro nas classificações de HC correspondentes.

Tabela 4.6. Despesa com saúde incluída na Pesquisa de Orçamentos Familiares do Brasil em 2018

Despesa monetária e não monetária média mensal familiar – valor e distribuição – por classes de rendimento total e variação patrimonial mensal familiar, segundo os tipos de despesa, despesa monetária e não monetária média mensal familiar (em reais), total, Brasil

Tipo de despesa	R$
Despesa total	4.649,03
Despesas correntes	4.309,88
Assistência à saúde	302,06
Remédios	135,24
Plano/seguro saúde	95,4
Consulta e tratamento dentário	14,59
Consulta médica	15,76
Tratamento médico e ambulatorial	4,45
Serviços de cirurgia	10,46
Hospitalização	1,22
Exames diversos	8,95
Material de tratamento	13,18
Outros	2,8

Fonte: IBGE (2018[7]), *"Pesquisa de Orçamentos Familiares"*, https://sidra.ibge.gov.br/tabela/6715, (acessado em 22 de março de 2025).

Para serem úteis nas contas de saúde do ano de referência de 2022, esses números precisam ser extrapolados para levar em conta como o desembolso direto evoluiu desde 2018.[8] Essas extrapolações refletem a evolução dos preços e volumes consumidos e são realizadas utilizando diversas fontes de dados diferentes:

- Dados do Sistema de Informações de Produtos (SIP/ANS) para criar um índice de volume único usado para todos os serviços de saúde (exceto medicamentos);
- Dados da Pesquisa Mensal de Comércio (PMC) para criação de índice de volume de medicamentos com base na atividade "Artigos farmacêuticos, médicos, ortopédicos, de perfumaria e cosméticos"; e
- Índice de Preços ao Consumidor Amplo (IPCA)

Combinando essas fontes de dados, é possível gerar a evolução das estimativas de gastos em saúde individuais. Além disso, outras fontes de dados para verificar essas tendências também são utilizadas. Elas incluem o Sistema de Informações Ambulatoriais (SIA/SUS) e o Sistema de Informações Hospitalares (SIH/SUS), além de dados sobre o imposto de renda pessoa física (IRPF).

Para a estimativa de compartilhamento de custos com regimes de financiamento de terceiros (HF32), as equipes de contas de saúde brasileiras identificaram uma fonte de dados gerenciada pela ANS. O SIP inclui informações sobre quanto os beneficiários do plano de saúde voluntário têm que pagar do próprio bolso os serviços financiados por operadoras de planos de saúde privados em um nível agregado.

No geral, a equipe de contas de saúde brasileira recorre a fontes de dados padrão para calcular o desembolso direto. No entanto, quando se trata de usar pesquisas de orçamentos familiares, é preciso ter cautela. Normalmente, as pesquisas de orçamentos familiares são elaboradas para definir o valor ***total*** do desembolso direto HF.3 (por serviço ou no geral), uma vez que combinam desembolsos diretos das famílias (HF.3.1) e pagamentos como parte de acordos de compartilhamento de custos (HF3.2). O manual brasileiro sugere que a pesquisa de orçamentos familiares seja usada apenas para mensurar compras diretas – isso poderia levar à contagem dupla de pagamentos em acordos de compartilhamento de custos se eles não forem explicitamente excluídos de tal pesquisa. A exclusão dos pagamentos de prêmios do plano saúde dos pagamentos diretos também é essencial caso essas despesas estejam contempladas nas pesquisas de orçamentos familiares. Por fim, em alguns casos, por exemplo, os pagamentos diretos para pesquisas sobre orçamentos familiares de cuidados de longo prazo são de utilidade limitada, uma vez que o grupo-alvo que utiliza esses serviços pode estar subrepresentado nas pesquisas sobre orçamento. No geral, o manual poderia incluir mais detalhes sobre os ajustes realizados nas duas fontes de dados usadas e como problemas de contagem dupla foram evitados.

Quando se trata de extrapolação do desembolso direto, a criação de índices que incorporam mudanças anuais de preço e volume também é uma prática padrão em outros países. No entanto, seria recomendável criar índices distintos para todas as categorias de gastos em saúde identificadas e não usar um único índice para todas as funções, exceto medicamentos. Além disso, continuar a explorar se existem fontes de dados do ponto de vista dos prestador ajudaria a validar as estimativas de pagamentos diretos realizadas apenas com base nas pesquisas de orçamentos familiares.

4.3.2. Mapeamento dos serviços de saúde

Em resumo, com base nas diversas abordagens descritas para cada regime de financiamento, a equipe brasileira de contas de saúde pode alocar o total dos gastos em saúde a uma ampla gama de funções de cuidados de saúde (Tabela 4.7) – um nível de detalhe maior do que o relatado em muitos países da OCDE. Em alguns casos, elas vão além das categorias internacionais propostas pelo ICHA-HC para refletir necessidades de informações específicas de cada país ou adaptações necessárias às categorias existentes. Isso se refere, por exemplo, aos gastos com atenção básica (segundo a definição brasileira), atendimento de emergência ou gastos do programa "Farmácia Popular".

Tabela 4.7. Funções de cuidados de saúde declaradas nas Contas de Saúde Brasileiras

Código	Descrição
HC.1	**Atenção curativa**
HC.1.1	Atenção curativa em regime de internação
HC.1.2	Atenção curativa em regime de hospital-dia
HC.1.3	Atenção curativa ambulatorial
HC.1.3.1	Atenção curativa ambulatorial básica
HC.1.3.1.1	*Atenção ambulatorial básica (SHA-BR)*
HC.1.3.1.2	*Atenção ambulatorial básica – urgência (SHA-BR)*
HC.1.3.2	Atenção ambulatorial saúde bucal
HC.1.3.3	Atenção ambulatorial especializada
HC.1.3.3.1	*Atenção ambulatorial especializada (SHA-BR)*
HC.1.3.3.2	*Atenção ambulatorial especializada – emergência (SHA-BR)*
HC.1.3.4	*Atendimento curativo ambulatorial – práticas alternativas (SHA-BR)*
HC.1.3.9	Atenção ambulatorial – não especificado
HC.1.4	Atenção curativa domiciliar
HC.2	**Atendimentos de reabilitação**
HC.2.1	Atendimentos de reabilitação em regime de internação
HC.2.2	Atendimentos de reabilitação em regime de hospital-dia
HC.2.3	Atendimentos de reabilitação ambulatorial
HC.2.4	Atendimentos de reabilitação domiciliar
HC.2.9	*Atendimentos de reabilitação não especificados (SHA-BR)*
HC.3	**Cuidados de longo prazo (saúde)**
HC.3.1	Cuidados de longo prazo em regime de internação (saúde)
HC.3.2	Cuidados de longo prazo em regime de hospital-dia (saúde)
HC.3.3	Cuidados de longo prazo ambulatorial (saúde)
HC.3.4	Cuidados de longo prazo domiciliar (saúde)
HC.4	**Atividades complementares (não especificados por função)**
HC.4.1	Exames laboratoriais
HC.4.2	Exames de imagem
HC.4.3	Transporte de pacientes
HC.4.3.1	*Transporte de pacientes, inclusive subsídios (SHA-BR)*
HC.4.3.2	*Transporte de pacientes – emergência (SHA-BR)*
HC.4.9	*Outras atividades complementares ao diagnóstico e tratamento (SHA-BR)*
HC.5	**Produtos médicos (não especificados por função)**
HC.5.1	Medicamentos e outros produtos médicos não duráveis
HC.5.1.1	Medicamentos com obrigatoriedade de prescrição (SHA-BR)
HC.5.1.1a	*Medicamentos com obrigatoriedade de prescrição, exceto PFPB (SHA-BR)*
HC.5.1.1b	*Programa Farmácia Popular do Brasil (SHA-BR)*
HC.5.1.2	*Medicamentos sem obrigatoriedade de prescrição (SHA-BR)*
HC.5.1.3	*Outros produtos médicos não duráveis (SHA-BR)*
HC.5.2	Aparelhos terapêuticos e outros produtos médicos duráveis
HC.5.2.1	Óculos e outros produtos oftalmológicos
HC.5.2.2	Aparelhos auditivos
HC.5.2.3	Outros aparelhos ortopédicos e próteses (exceto óculos e aparelhos auditivos)
HC.5.2.4	*Órteses e outros dispositivos para saúde bucal (SHA-BR)*
HC.5.2.9	*Outras órteses e dispositivos não especificados anteriormente (SHA-BR)*
HC.5.3	*Atividades complementares à obtenção de produtos médicos e tecidos humanos (SHA-BR)*
HC.6	**Cuidados preventivos**
HC.6.1	Informação, educação e programas de orientação em saúde
HC.6.2	Programas de imunização

Código	Descrição
HC.6.3	Programas para detecção precoce de doenças
HC.6.4	Programas de monitoramento de populações saudáveis
HC.6.5	Programas de controle de vigilância epidemiológica e de risco e doença
HC.6.6	Programas de recuperação de desastres e responsabilidades emergenciais
HC.7	**Gestão e governança do sistema de saúde e financiamento**
HC.7.1	*Gestão do sistema de saúde (SHA-BR)*
HC.7.2	*Regulação do sistema de saúde (SHA-BR)*
HC.9	**Demais atividades de saúde e não classificadas em outro grupo**

Observação: SHA-BR refere-se a categorias adicionais para necessidades de informação no Brasil ou ajustes feitos em categorias existentes dentro do HC.
Fonte: Manual brasileiro de CNS.

4.4. Avaliação sumária da nova metodologia aplicada no Brasil para estimar gastos em saúde e do manual brasileiro de contas de saúde

A avaliação da OCDE sobre a nova abordagem para estimar os gastos em saúde foi baseada no novo manual brasileiro de contas de saúde[9] e em trocas detalhadas com a equipe de contas de saúde do país.

A abordagem geral para a criação de contas de saúde no Brasil está alinhada com a prática padrão em vários países da OCDE. Dentro desse método, o foco está em identificar as fontes de dados mais apropriadas para estimar o gasto total em saúde de cada regime de financiamento, antes de alocar esse valor total para as funções de cuidados de saúde (HC) e os prestadores (HP). Isso geralmente é feito usando informações das fontes de dados primárias ou criando um "critério de alocação" usando uma fonte de dados secundária para distribuir os gastos em saúde para as categorias mais apropriadas de HC e HP. Em seguida, o total de gastos em saúde é calculado pela soma desses gastos para cada um dos regimes de financiamento relevantes. Embora essa prática também seja adotada em vários países da OCDE, seria desejável triangulá-la com fontes de dados sob a perspectiva dos prestadores de saúde, como estatísticas hospitalares ou outras estatísticas do setor que possam determinar a produção econômica e o desempenho de um setor específico, ou informações sobre a produção do setor de saúde obtidas a partir das Contas Nacionais. Entende-se que o tipo de fonte de dados específica do prestador de saúde geralmente não está disponível no contexto brasileiro.

A escolha das fontes de dados usadas para prever o total dos gastos em saúde por regime de financiamento no Brasil parece robusta. No entanto, há lacunas que devem ser abordadas nas futuras iterações da elaboração das contas de saúde. Isso se refere, por exemplo, aos gastos com regimes específicos para servidores públicos e forças de segurança nos níveis estadual e municipal que ainda não foram identificados, além da estimativa de gastos com instituições de caridade e regimes de financiamento do empregador. Contudo, espera-se que esses últimos desempenhem um papel mínimo no financiamento da saúde no país.

Quando se trata do cálculo detalhado dos gastos em saúde na esfera de serviço, o processo se torna complexo – como é o caso na maioria dos países da OCDE.

- O método para determinar os ***gastos gerais do SUS*** combinando extrações de dados do SIAFI e do SIOPS parece sólido, já que a contagem dupla de gastos é descartada. ***Quanto à alocação dos gastos totais do SUS por categoria funcional***, aparentemente foi utilizada uma abordagem de dois níveis. Primeiro, eles são alocados aos principais títulos orçamentários, pois são considerados a fonte mais precisa de gastos agregados em cada nível de governo. No entanto, como o nível de desagregação não é suficiente para distribui-los às categorias funcionais detalhadas, geram-se "critérios de alocação" com base nas informações de volume incluídas no

SIA, SIH e SISAB e uma indicação de preços de serviços incluídos no SIGTAP para uma detalhamento ainda maior dos gastos. O método parece ser uma solução prática para adicionar a granularidade necessária, embora os cálculos precisos não sejam suficientemente detalhados no manual, o que dificulta uma avaliação completa para aqueles que não conhecem os dados específicos. Nesse sentido, alguns exemplos ilustrativos no anexo do manual podem ser úteis. Independentemente do método de cálculo prático, uma questão ao basear a alocação na lista de preços do SIGTAP é que a lista está desatualizada, o que pode levar à superestimação ou subestimação de vários componentes de gasto, sobretudo quando a inflação de preços variou bastante entre diferentes atividades. Entretanto, parece não haver nenhuma abordagem alternativa ao uso do SIGTAP.

- A abordagem para calcular e distribuir os ***gastos por plano de saúde voluntário*** segue um método semelhante ao dos gastos do SUS, mas parece menos complexa em termos de menos fluxos de financiamento e, portanto, fontes de informação. As despesas totais com administração e serviços de saúde são determinadas pelo DIOPS e uma análise do nível de serviço é feita combinando o SIP para categorias altamente agregadas e as informações de preço e quantidade incluídas no TISS para a distribuição de gastos no nível mais granular. Essa abordagem parece sólida de modo geral, mas o manual poderia incluir informações mais específicas sobre como as diferentes informações incluídas no SIP e no TISS são combinadas na prática. Posto isso, a disponibilidade geral de fontes de dados para mensurar e distribuir os gastos com planos de saúde privados no Brasil parece ser mais avançada do que em um número considerável de países da OCDE.
- A estimativa do ***desembolso direto*** deve ser revisada para futuras iterações da elaboração de contas de saúde. Não está totalmente claro no manual se alguns problemas potenciais foram abordados. A publicação menciona o uso das pesquisas de orçamentos familiares para avaliar o pagamento direto das famílias e o SIP para copagamento com plano de saúde privado. No entanto, elas já incorporam coparticipações, o que gera o risco de dupla contagem se essas fontes forem usadas simultaneamente. Além disso, não está totalmente claro quais elementos dos gastos em saúde dessas pesquisas são utilizados. Também é importante considerar eventuais restituições fiscais decorrentes do aumento do desembolso direto ao apurar os pagamentos diretos segundo a metodologia do SHA. O uso de pesquisas orçamentárias familiares e a extrapolação dos gastos com instrumentos adequados é prática comum para estimar o total do desembolso direto em vários países da OCDE. No entanto, parece que apenas dois índices distintos são criados para extrapolar os diversos itens de gastos em saúde. Essa prática deveria ser revista. As melhorias na desagregação do desembolso direto por função (e por prestador) exigirão mais esforços para identificar pelo menos algumas fontes primárias complementares ou índices mais específicos.
- Por fim, existem lacunas de dados que impedem a distribuição específica dos gastos em saúde para os ***regimes de servidores públicos e das Forças Armadas***. Para o primeiro, utiliza-se a distribuição funcional do plano de saúde voluntário. É difícil afirmar se os gastos desses regimes realmente refletem o padrão dos planos privados, mas entende-se que atualmente não há fontes de dados confiáveis para a criação de regimes de alocação mais precisos. Essa pode ser uma área a ser explorada caso haja avanços em futuras rodadas de elaboração das contas de saúde.

Em relação à documentação, o manual brasileiro de contas de saúde é visto como um bom ponto de partida para quem deseja aprender mais sobre como seus resultados são derivados. Ele também fornece uma boa introdução para entender as complexidades do sistema de saúde brasileiro. Pessoas que não conhecem o Sistema de Contas de Saúde são introduzidas ao conceito geral das contas de saúde. A publicação também inclui uma descrição muito útil das fontes de dados disponíveis, em especial seu conteúdo, onde podem ser obtidas, a frequência de atualização e quando os dados estão disponíveis para serem utilizados na elaboração das contas de saúde. Além disso, ela busca explicar o procedimento complexo de combinação das diversas fontes de dados para estimar os gastos em saúde na esfera dos serviços.

No entanto, há margem para ampliar alguns aspectos do manual no futuro. Em relação às fontes de dados, usuários especialistas poderiam se beneficiar de exemplos práticos sobre a estrutura real dos dados – algumas extrações poderiam, por exemplo, ser incluídas em um anexo. Quanto aos processos de cálculo detalhado, em áreas como a criação dos "fatores de expansão", ele poderia trazer mais informações. Em geral, o manual deve ser um "documento vivo", atualizado regularmente à medida que os métodos forem revisados ou quando surgirem novas demandas de informação. Assim, ele cumpre seu papel para o público externo. Para servir também como manual interno para os compiladores de dados da equipe de contas de saúde, que precisam ser capazes de replicar todas as estimativas, seria necessário incluir mais detalhes – especialmente sobre a metodologia de alocação dos gastos em saúde entre as diversas categorias funcionais.

Referências

ANS (2025), *Dados Gerais - Receita de contraprestações das operadoras (em Reais) (Brasil - 2015-2024)*, https://www.gov.br/ans/pt-br/acesso-a-informacao/perfil-do-setor/dados-gerais. [5]

DATASUS (n.d.), *SIGTAP - Sistema de Gerenciamento da Tabela de Procedimentos, Medicamentos e OPM do SUS*, http://sigtap.datasus.gov.br/tabela-unificada/app/sec/inicio.jsp. [4]

IBGE (2018), *Pesquisa de Orçamentos Familiares*, https://sidra.ibge.gov.br/tabela/6715. [7]

Ministério do Planejamento, Orçamento e Gestão (n.d.), *Orçamento Federal*, http://www.orcamentofederal.gov.br/clientes/portalsof/portalsof/orcamentos-anuais/orcamento-1999/Portaria_Ministerial_42_de_140499.pdf. [6]

OECD (2025), *Boas práticas na institucionalização das contas de saúde: Lições das experiências de 13 países da OCDE*, OECD Publishing, Paris, https://doi.org/10.1787/2993093d-pt. [1]

OECD/WHO/Eurostat (2011), *A System of Health Accounts: 2011 Edition*, OECD Publishing, Paris, https://doi.org/10.1787/9789264116016-en. [2]

SIGA Brasil (n.d.), *SIGA Brasil*, https://www12.senado.leg.br/orcamento/sigabrasil. [3]

Notas

[1] Esses regimes são anteriores à implementação do SUS em 1990, mas foram confirmados na Lei 8112/1990 para os servidores civis federais.

[2] Artigo 230 da Lei 8.112/1990.

[3] Artigo 231 da Lei 8.112/1990.

[4] Nos casos em que as principais fontes de dados para estimar o total de gastos em saúde também incluem detalhes suficientes sobre os serviços de saúde, a primeira e a segunda etapas são, na prática, realizadas simultaneamente.

[5] O Ministério da Educação é responsável por parte do financiamento dos hospitais universitários federais que fazem parte do SUS.

[6] Embora alguns grupos populacionais, por exemplo, aqueles que vivem em instituições como lares de idosos, normalmente não sejam cobertos.

[7] A POF mais recente foi iniciada no final de 2024.

[8] A Pesquisa de Orçamentos Familiares (POF) 2024-2025 permitirá melhores estimativas para o período entre os dois inquéritos, como o ano de 2022. Ou seja, os dados poderão ser melhorados em relatórios futuros.

[9] Fornecido à OCDE em meados de janeiro de 2025.

5 Colocando os dados de gastos em saúde do Brasil em um contexto internacional

A nova abordagem para a criação e institucionalização das contas de saúde no Brasil resultou em novas estimativas de gastos. Neste capítulo, os resultados são contextualizados internacionalmente e comparados com os gastos em saúde dos países da OCDE. A comparação mostra que esses gastos no Brasil, como proporção do PIB, estão em torno da média da OCDE quando mensurados como uma parcela da produção econômica, mas são muito inferiores quando mensurados per capita. Ele enfatiza que a parcela das despesas do governo e de planos de seguros compulsórios no total de gastos em saúde é inferior a 50% no país, muito abaixo da média da Organização. Por outro lado, a proporção dos planos privados no total desses gastos no Brasil é maior do que em qualquer país da OCDE.

5.1. Como os gastos em saúde no Brasil se comparam aos internacionais?

O Brasil produziu dados de gastos em saúde para o ano de 2022 de acordo com a nova abordagem descrita no Capítulo 4. Neste capítulo, alguns dos resultados de alto nível são colocados em um contexto internacional mais amplo.

Em comparação com os países da OCDE, o gasto per capita em saúde no Brasil é baixo (Figura 5.1). Em 2022, o país gastou cerca de USD 1 700 (ajustados pela diferença nos níveis de preços) em saúde per capita, menos de um terço da média da OCDE (USD 5 300). O nível de gastos em saúde estimado para o Brasil é semelhante ao observado no México (USD 1 400), na Colômbia (USD 1 630) ou na Costa Rica (USD 1 770), mas inferior ao do Chile (USD 3 190) – os países latino-americanos membros da OCDE. No outro extremo da escala, os Estados Unidos (USD 12 740), a Suíça (USD 8 910), a Noruega (USD 8 640) e a Alemanha (USD 8 540) gastaram pelo menos cinco vezes mais em saúde do que o Brasil, em termos per capita.

Figura 5.1. O Brasil tem gastos per capita em saúde menores do que a maioria dos países da OCDE

Despesa corrente com saúde per capita em USD (PPP), 2022

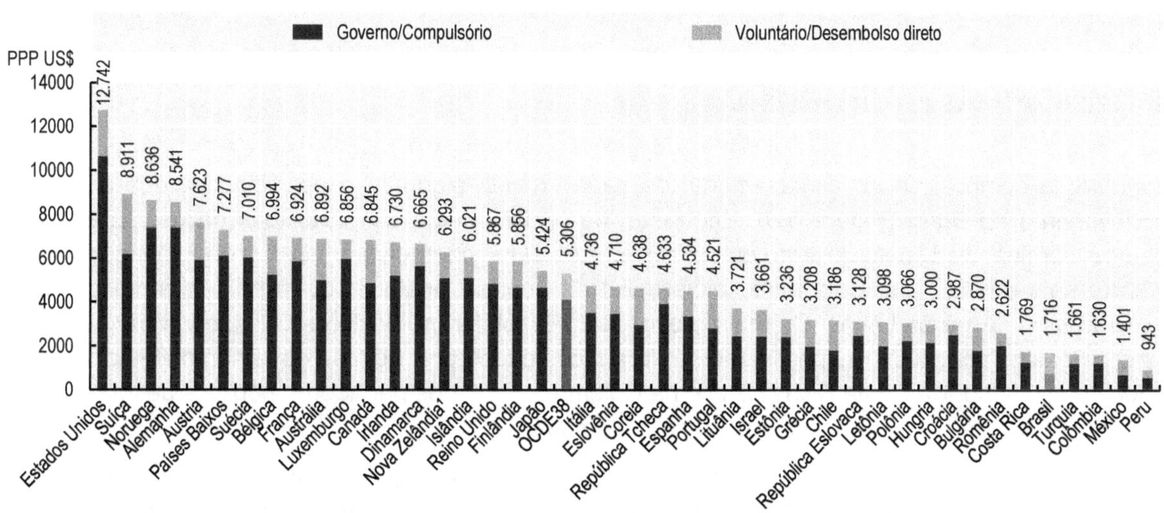

Observação: 1 Estimativa da OCDE para 2022.
Fonte: OECD Health Statistics 2024; Ministério da Saúde do Brasil.

Ao comparar os gastos em saúde em relação ao produção econômica geral, o Brasil está próximo da média da OCDE (Figura 5.2). Em 2022, o consumo de produtos e serviços de saúde representou 9,4% do Produto Interno Bruto (PIB) brasileiro. Esse valor está em nível similar à média da OCDE (9,2%) e é superior à de muitos países-membros da OCDE na América Latina. No México (5,7%), na Costa Rica (7,2%) e na Colômbia (7,6%), uma proporção consideravelmente menor da riqueza econômica foi destinada à saúde. No entanto, com 10%, o Chile destinou uma parcela maior do seu PIB à saúde do que o Brasil.

Figura 5.2. O Brasil dedica uma proporção semelhante da sua produção econômica à saúde, assim como os países da OCDE

Despesa corrente com saúde como proporção do PIB, 2022

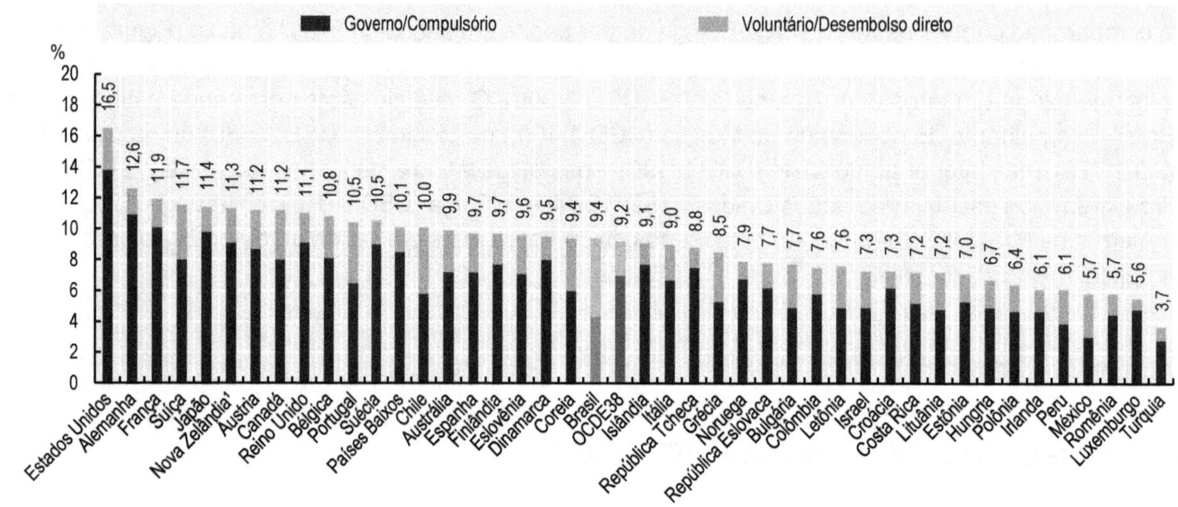

Observação: 1. Estimativa da OCDE para 2022.
Fonte: OECD Health Statistics 2024; Ministério da Saúde do Brasil.

Comparar a composição do financiamento da saúde revela algumas especificidades dos acordos de financiamento no Brasil (Figura 5.3). Enquanto, na OCDE, cerca de ¾ do total de gastos em saúde costuma ser financiado pelo governo ou por regimes de plano compulsório, essa proporção foi de apenas 45% no país em 2022. Isso foi muito mais baixo do que em qualquer outro país-membro da OCDE, incluindo os da América Latina. Os mais próximos do Brasil foram México e Chile, onde 52% e 57% de todos os gastos em saúde, respectivamente, foram custeados por regimes governamentais ou plano de saúde compulsório. Na Costa Rica (72%) e na Colômbia (77%), os pagadores públicos desempenharam um papel muito maior no financiamento da saúde do que no Brasil.

Outra característica excepcional do sistema de saúde brasileiro é a importância do plano de saúde voluntário. Em 2022, cerca de 27% de todo o gasto em saúde foi financiado por meio de cobertura duplicada de planos de saúde regulamentados pela ANS. Isso foi muito superior à média da OCDE como um todo (5%) e mais que o dobro da participação observada na Eslovênia (13%) e no Canadá (12%) – os dois países-membros onde o plano de saúde voluntário desempenha um papel relativamente grande. Em todos os países latino-americanos da OCDE, o plano de saúde voluntário financiou menos de 10% de todos os custos nesse setor.

Figura 5.3. A arquitetura de financiamento da saúde no Brasil apresenta diferenças em relação aos países da OCDE

Despesa corrente com saúde por regimes de financiamento, 2022

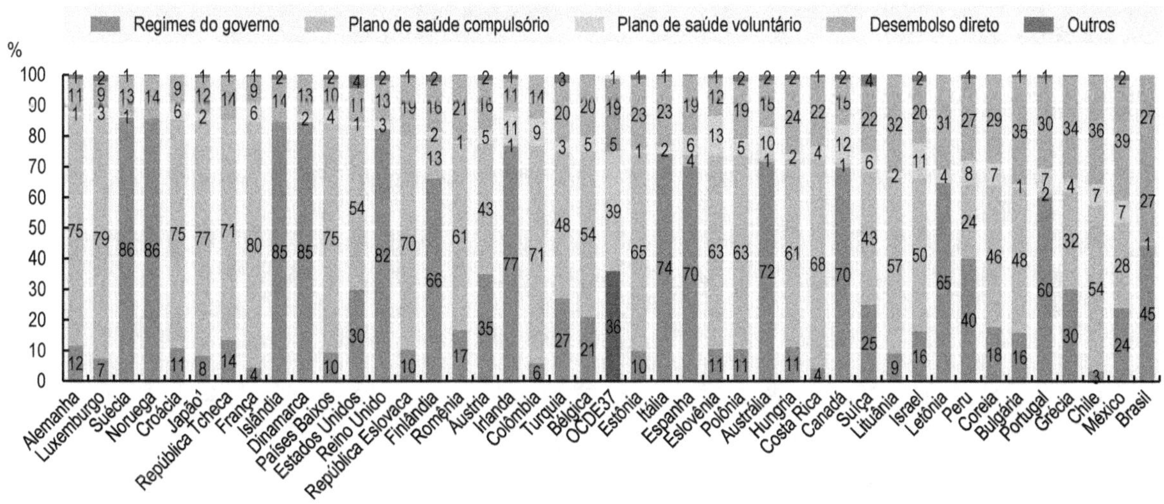

Observação: 1. Refere-se a 2021.
Fonte: OECD Health Statistics 2024; Ministério da Saúde do Brasil.

Por outro lado, a parcela dos gastos em saúde custeada diretamente pelas famílias foi menor no Brasil (27%) do que em vários países da OCDE. No México, Chile, Grécia, Letônia e Lituânia, mais de 30% de todos esses valores eram desembolsos diretos. No entanto, na OCDE, a proporção foi de apenas 19%. As famílias estão mais protegidas contra os custos diretos de tratamento ou de produtos médicos em Luxemburgo, na França e nos Países Baixos, onde elas arcam com apenas 10% de todo o valor da assistência médica.

Ao analisar a composição dos gastos em saúde por tipos de produtos e serviços, o Brasil se destaca pela proporção relativamente alta de gastos destinados ao atendimento ambulatorial (Figura 5.4). Em 2022, quase 40% de todos os recursos financeiros do setor de saúde brasileiro foram consumidos por serviços ambulatoriais, como atenção básica ou consultas com especialistas. Em comparação, a média da OCDE ficou em apenas 32%. A importância comparativamente alta dos atendimentos ambulatoriais no Brasil pode ser explicada em parte pela utilização intensiva dos serviços ambulatoriais de laboratório e de imagem; cada um deles representa 6% do total de gastos em saúde — uma proporção muito maior do que em qualquer país da OCDE. O Brasil dedicou cerca de 19% de seus recursos financeiros a “serviços básicos de saúde” — definidos como atendimento ambulatorial geral, atendimento odontológico, atendimento curativo domiciliar e atividades preventivas, uma parcela semelhante à média da OCDE (esta é uma medida indireta usada para comparar gastos com atenção primária internacionalmente). Por outro lado, o Brasil destinou apenas 22% do total de gastos em saúde para cuidados hospitalares. Esse valor ficou abaixo da média da OCDE (28%) e inferior às proporções observadas em vários sistemas de saúde europeus mais centrados em hospitais.

Os produtos médicos (que se referem principalmente aos medicamentos) representaram 22% do total dos gastos com saúde no Brasil em 2022, um pouco acima da média da OCDE. Dada sua população relativamente jovem e um setor de cuidados de longo prazo menos formalizado, a baixa participação dos gastos com cuidados de longo prazo no país (3%) não é surpreendente. As despesas com serviços coletivos, que se referem aos cuidados preventivos e à gestão do sistema de saúde, representaram 14% do total de gastos em saúde. Tanto a parcela destinada à prevenção e saúde pública quanto à administração de serviços ficaram acima da média da OCDE. Curiosamente, o Brasil alocou mais recursos para administração (6%) do que a maioria dos outros países da OCDE. Isso pode ser explicado pela estrutura muito complexa do SUS, que exige muita coordenação e gestão de recursos nos três diferentes níveis de governo, e também pelos custos de gestão do grande setor privado de saúde do país.

Figura 5.4. O atendimento ambulatorial desempenha um papel mais importante no Brasil do que em toda a OCDE

Despesa corrente com saúde por tipo de serviço, 2022

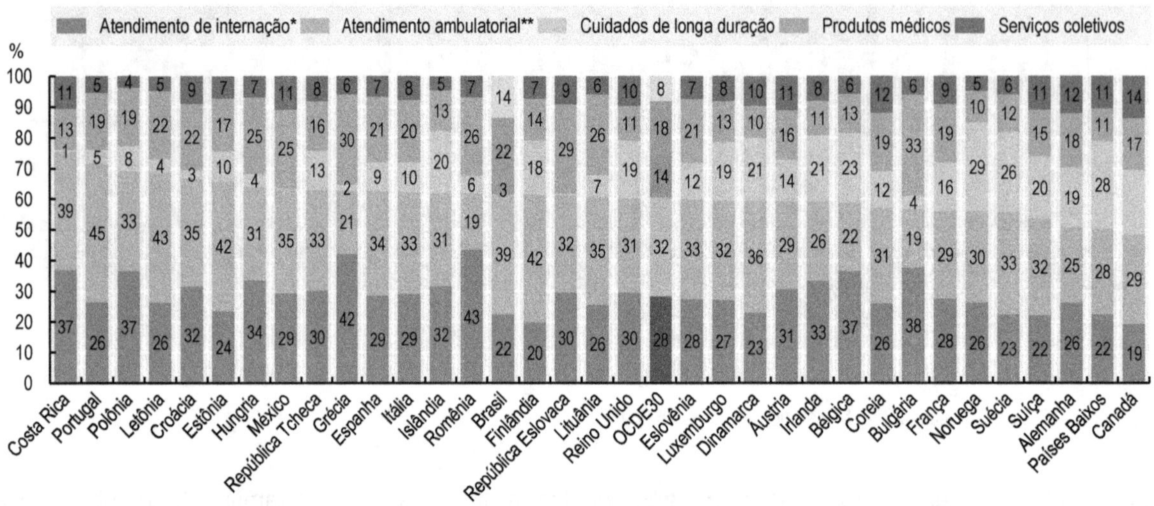

Observação: os países são classificados por atenção curativa e de reabilitação como parcela dos gastos atuais em saúde. * Refere-se à atenção curativa e de reabilitação em ambientes de internação e hospital-dia. ** Inclui assistência domiciliar e atividades complementares.
Fonte: OECD Health Statistics 2024; Ministério da Saúde do Brasil.

Os envios de dados abrangentes sobre contas de saúde por países também permitem avaliar a generosidade dos pacotes de benefícios financiados publicamente, analisando a composição do financiamento dos gastos com produtos e serviços de saúde individuais. Como mostrado na Figura 5.4, em 2022, apenas 45% do total de gastos em saúde no Brasil foram financiados pelo SUS ou por regimes de planos compulsórios para diversos grupos de servidores públicos. No entanto, nem todos os serviços de saúde têm o mesmo nível de proteção financeira (Figura 5.5) Quase dois terços dos gastos com serviços de assistência médica ambulatorial foram cobertos por esses programas públicos no Brasil; para atendimento curativo ambulatorial geral, essa parcela foi de 85%. Por outro lado, apenas cerca de um terço de todos os gastos com cuidados odontológicos foi coberto pelo SUS ou por planos compulsórios. Embora a cobertura odontológica seja equivalente à de muitos países da OCDE, a proporção geral de gastos em saúde com cuidados odontológicos é relativamente baixa, possivelmente explicada pelos altos níveis de necessidade não atendida. O item onde existe a maior discrepância na cobertura entre o Brasil e os países da OCDE é o de medicamentos. No Brasil, apenas 9% da despesa total com medicamentos (no varejo) é coberta por regimes públicos, o que significa que as famílias precisam pagar diretamente uma parte substancial. Isso é muito inferior a qualquer país da OCDE, onde mais da metade dos custos farmacêuticos são custeados por compradores públicos, indicando que a cobertura pública de medicamentos no Brasil pode ser inadequada ou menos eficaz do que o desejado. O alto desembolso direto com medicamentos costuma ser um dos principais fatores que levam as famílias a enfrentarem dificuldades financeiras devido aos custos elevados com saúde (WHO, 2023[1]).

Figura 5.5. Algumas lacunas na cobertura financeira dos serviços de saúde podem ser observadas no Brasil, especialmente para produtos farmacêuticos

Despesas do governo e de planos compulsórios como proporção total de gastos em saúde por tipo de assistência, 2022

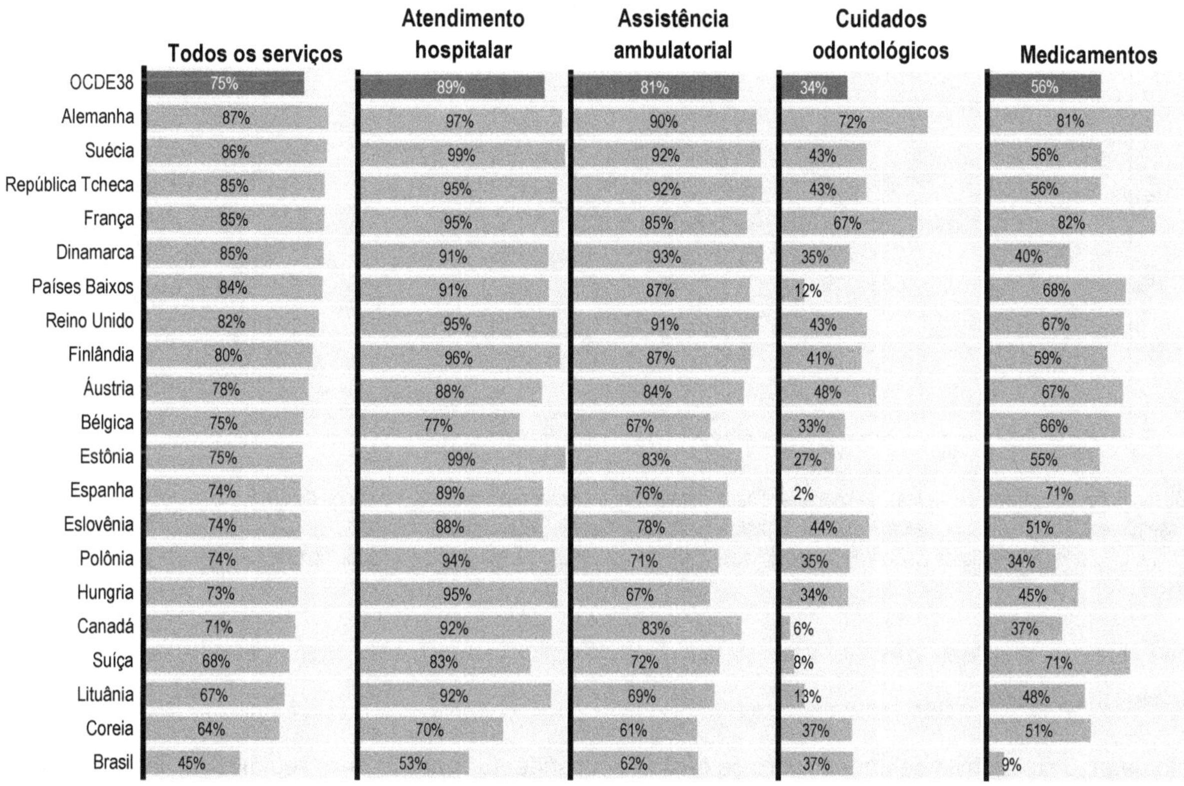

Fonte: OECD Health Statistics 2024; Ministério da Saúde do Brasil.

Embora o Brasil tenha calculado os dados apenas para 2022 de acordo com a nova metodologia, talvez ser interessante analisar como isso se compara aos dados de gastos em saúde elaborados anteriormente, como parte das primeiras implementações-piloto. De maneira geral, o nível de gastos em saúde declarado para 2022 está em conformidade com os dados anteriores (Figura 5.6), ainda que seja necessário ter cautela para não interpretar excessivamente a tendência, pois possíveis quebras metodológicas podem ser difíceis de quantificar. Comum a muitos países da OCDE, incluindo Costa Rica e Colômbia, os gastos em saúde como parcela do PIB caíram no Brasil em 2022. Isso seguiu os níveis recordes alcançados em 2020 ou 2021, quando recursos substanciais foram mobilizados para combater a propagação do vírus SARS-Cov 2, melhorar a preparação para a pandemia e tratar pacientes com COVID-19.

Figura 5.6. Os gastos em saúde no Brasil em 2022 estão em conformidade com dados divulgados anteriormente

Gasto de saúde como parcela do PIB, 2015-23, média da OCDE e países selecionados

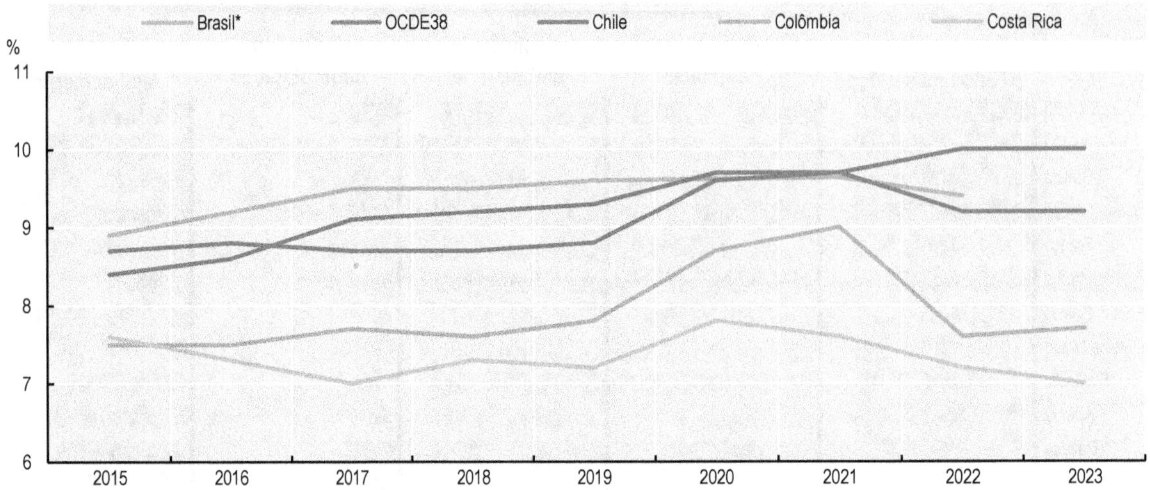

Observação: pode haver problemas de comparabilidade para as séries temporais do Brasil. Os dados de 2015 a 2019 foram calculados com base na metodologia anterior, os de 2020 a 21 vêm do *WHO Global Health Expenditure Database*.
Fonte: OECD Health Statistics 2024; WHO Global Health Expenditure Database; Ministério da Saúde do Brasil.

5.2. Como a abrangência dos relatórios de dados no Brasil se compara internacionalmente?

No geral, o novo envio de dados sobre os gastos em saúde no Brasil para os regimes de financiamento e serviços do ano de 2022 é bastante abrangente e parece estar alinhada com os padrões internacionais de divulgação de informações. Além das estimativas ausentes para os gastos dos regimes de financiamento sem fins lucrativos (HF22) e regimes de financiamento empresarial (HF23) – que podem ter um papel limitado no Brasil – e a divulgação incompleta de gastos dos regimes públicos para servidores públicos e forças armadas, não há lacunas significativas nos relatórios que impeçam a comparabilidade internacional dos dados. Como foi destacado no capítulo anterior, os aperfeiçoamentos nas metodologias e nos cálculos de alguns componentes dos gastos poderiam ajudar a melhorar ainda mais a comparabilidade geral (ver Seção 4.4).

Em algumas áreas, o nível de detalhamento nos dados brasileiros realmente ultrapassa os níveis de relato possíveis em muitos países da OCDE.

- Por exemplo, o Brasil pode identificar separadamente as subcategorias de atendimento ambulatorial geral, cuidados odontológicos e atendimento ambulatorial especializado, um pré-requisito para estimativas internacionais dos gastos com atenção básica — uma variável essencial para mensurar o desempenho do sistema de saúde. Vários países da OCDE, como Itália e Portugal, atualmente não conseguem fazer isso.
- O Brasil consegue declarar os gastos em (saúde) cuidados de longo prazo para todas as subcategorias e todos os regimes de financiamento. Mais uma vez, um número considerável de países da OCDE, como Grécia, República Eslovaca ou Islândia, enfrentam desafios de divulgação de informações nessa área. Embora questões relacionadas à prestação de cuidados de longo prazo de maneira financeiramente sustentável não pareçam ser urgentes para o país no momento, pode-se esperar que a transição demográfica eventualmente coloque esse tema em destaque na

agenda política. Ter dados abrangentes sobre os gastos com cuidados de longo prazo que permitam monitorar essa tendência ao longo do tempo é um recurso fundamental para inspirar esse debate.

- O Brasil fornece uma análise muito detalhada dos gastos preventivos. Alguns países da OCDE, como Irlanda ou Países Baixos, não conseguem fornecer dados de despesas com serviços de prevenção nesse nível de detalhamento. Um relato minucioso permite monitorar a alocação de recursos para as diversas áreas de prevenção e saúde pública, além de destacar a priorização de grupos-alvo ou fatores de risco nas intervenções de saúde pública.
- O Brasil consegue informar de maneira abrangente os gastos com medicamentos (no varejo), discriminando o que é financiado pelo SUS e o que é pago diretamente pelas famílias. Isso coloca o país em posição vantajosa em comparação com várias nações latino-americanas da OCDE. A Costa Rica e o México, por exemplo, atualmente não conseguem informar os gastos com medicamentos por regimes do governo. Nesses países, as transações são amplamente (ou totalmente) alocadas aos gastos com atenção curativa, já que a dispensação para pacientes ambulatoriais ocorre em farmácias hospitalares — sem possibilidade de distinção de outras atividades nessas dependências.
- Por fim, a parcela dos gastos em saúde que não pode ser alocada a serviços no Brasil representa apenas cerca de 1% do total. Embora o ideal seja que todos eles sejam classificados para não prejudicar a análise funcional, essa proporção no Brasil é muito menor do que no Chile (24%).

Em resumo, a metodologia de cálculo aprimorada das contas de saúde do Brasil oferece uma base sólida para comparações internacionais significativas. No futuro, o país deveria explorar opções para revisar anos anteriores utilizando o mesmo procedimento, a fim de fornecer uma série histórica mais longa de dados de gastos em saúde (e evitar possíveis quebras metodológicas). Além disso, a elaboração de dados para as dimensões de prestadores de saúde e fontes de receita dos regimes de financiamento (ver Capítulo 6) aumentaria ainda mais o potencial analítico das contas de saúde brasileiras. Por fim, o Brasil poderia se beneficiar da disponibilidade oportuna de muitas de suas fontes de dados para acelerar a elaboração anual das contas de saúde. Em conformidade com os padrões internacionais, seria tecnicamente possível que o país produzisse dados detalhados de gastos em saúde 15 meses após o encerramento do ano de referência e estimativas preliminares de alto nível em seis meses. O aumento da pontualidade dos resultados das contas de saúde aumentaria muito sua relevância.

Referências

WHO (2023), *Can people afford to pay for health care? Evidence on financial protection in 40 countries in Europe*, World Health Organization Regional Office for Europe, https://iris.who.int/handle/10665/374504. [1]

6 Ampliação da abrangência: possíveis ampliações das contas de saúde no Brasil

A nova abordagem para institucionalizar as contas de saúde no Brasil está voltada para a identificação abrangente dos gastos por regimes de financiamento e serviços de saúde. Este capítulo discute como a abrangência poderia eventualmente ser expandida para desbloquear todo o potencial das contas de saúde para informar a tomada de decisões baseadas em evidências nesse setor. As áreas onde tal ampliação poderia ser possível incluem a alocação dos gastos em saúde para os prestadores de saúde, a identificação das fontes de receita dos diversos regimes de financiamento e a divisão dos gastos em saúde por regiões ou estados. Além disso, diversos países da OCDE também alocam os gastos em saúde com base em características dos beneficiários, como idade, sexo ou doenças.

Os dois relatórios produzidos na última década, juntamente com esta iniciativa renovada das contas de saúde, devem servir como uma base sólida para a elaboração e o relato regular dos dados de gastos em saúde no Brasil, em conformidade com os padrões internacionais. Como descrito no Capítulo 2, *A System of Health Accounts 2011* fornece um conjunto de ferramentas flexíveis para apresentar uma série de dados sobre os gastos em saúde, com o objetivo principal de atender às necessidades informativas de um país, além de cumprir com qualquer solicitação de relatório internacional.

Além do nível atual de relatório do Brasil (conforme delineado no Capítulo 5), um passo importante seria expandir a abrangência da implementação do SHA para incorporar dimensões adicionais de análise. Isso aumentaria a aplicabilidade e a relevância política das contas de saúde para respeitar melhor as prioridades da política de saúde do país. Embora algumas ampliações possam ser viáveis no curto prazo, outras exigirão um compromisso de longo prazo. Este capítulo tem como objetivo servir como uma contribuição para o desenvolvimento de um plano de ação para os desenvolvimentos futuros.

6.1. Quem entrega o quê? Mapeamento dos gastos em saúde para os prestadores

Para obter uma compreensão mais abrangente de como os recursos são alocados no setor de saúde, o Brasil deve investigar como ampliar os relatórios para incluir os gastos em saúde por prestador de saúde (HP) na estrutura básica do SHA (conforme previsto no Capítulo 2). Quase todos os países da OCDE, incluindo Chile, Costa Rica e México, fornecem um detalhamento dos gastos em saúde por prestador. Uma análise mais detalhada dos gastos por prestador (HP), classificada de forma cruzada com regimes de financiamento (HF) e funções de cuidados de saúde (HC), permite uma análise mais detalhada dos gastos em saúde. Analisar os gastos em saúde por tipo de serviço em combinação com os prestadores de saúde é particularmente valioso para entender as diferenças na organização dos serviços de saúde entre os países. A Figura 6.1 mostra que, em alguns países, como Bulgária, Alemanha e Grécia, os hospitais tendem a ser monofuncionais, concentrando-se quase exclusivamente na prestação de serviços de internação (representando quase 90% dos gastos totais nos hospitais). Em outros países, como Finlândia, Portugal ou Chile, os hospitais também desempenham um papel significativo na prestação de serviços ambulatoriais e de atendimento em hospital-dia. A alocação dos gastos em saúde por tipo de serviço para os prestadores de saúde também é um pré-requisito para uma estimativa adequada dos gastos com atenção básica, onde as metodologias da OCDE dependem de informações incluídas na tabela HCxHP dos envios anuais de dados (OECD, 2018[1]).

A incorporação da dimensão do prestador nas contas de saúde do Brasil deve ser vista como um próximo passo natural, já que grande parte da infraestrutura de dados existente já está intimamente ligada aos tipos de unidades de saúde. O Brasil já fez progressos significativos nessa área – como parte do segundo relatório de contas da saúde, os gastos do SUS foram categorizados com sucesso por prestador (Brasil. Ministério da Saúde, 2022[2]). O consolidado Cadastro Nacional de Estabelecimentos de Saúde (CNES) e a exigência de que as principais fontes de dados do SUS (por exemplo, SIA e SIH) incluam identificadores do CNES criam uma base sólida para a integração sistemática de informações no âmbito do prestador. Diante disso, a alocação das despesas do SUS por tipo de prestador pareceria altamente viável. Para outros regimes de financiamento público (como os gastos de outros ministérios federais ou governos subnacionais), bem como para planos privados e desembolso direto, a alocação direta por tipo de prestador é menos simples. Aqui, um esforço inicial para mapear e estimar os provedores vinculados à abordagem de mapeamento da ANS poderia ser prosseguido, baseado em avaliações de plausibilidade quando não houver vínculos diretos estabelecidos.

Assim como em outros países, o Brasil usa uma classificação de prestadores de saúde que reflete as especificidades nacionais e responde à estrutura do sistema de saúde brasileiro, além de refletir variações regionais. A classificação nacional de prestadores de saúde no país, que inclui 45 categorias do CNES, serve como uma ferramenta crucial para organizar dados de gastos em saúde. No entanto, para garantir a comparabilidade internacional, ela precisa ser mapeada para a estrutura ICHA-HP usada no *System of Health Accounts 2011*. Um mapeamento inicial entre as 45 categorias do CNES, uma classificação brasileira de prestadores de saúde (ver Tabela 6.1) e a classificação ICHA-HP já foi desenvolvido (Brasil. Ministério da Saúde, 2022[2]), fornecendo uma base para a integração dos dados do Brasil nas análises globais de gastos em saúde. No entanto, é necessário um refinamento maior para aumentar a consistência e a precisão, principalmente para prestadores com múltiplas funções, como hospitais que oferecem atendimento ambulatorial e hospitalar. Um alinhamento mais preciso entre as classificações nacionais e internacionais não só melhorará a confiabilidade das comparações entre países, mas também fortalecerá a capacidade do Brasil de analisar padrões de gastos em saúde de uma forma alinhada às melhores práticas globais.

Figura 6.1. A combinação de dados sobre gastos em saúde por tipo de serviço e prestador pode fornecer informações úteis sobre a organização dos cuidados de saúde

Despesa hospitalar por tipo de serviço, 2022 (ou ano mais próximo)

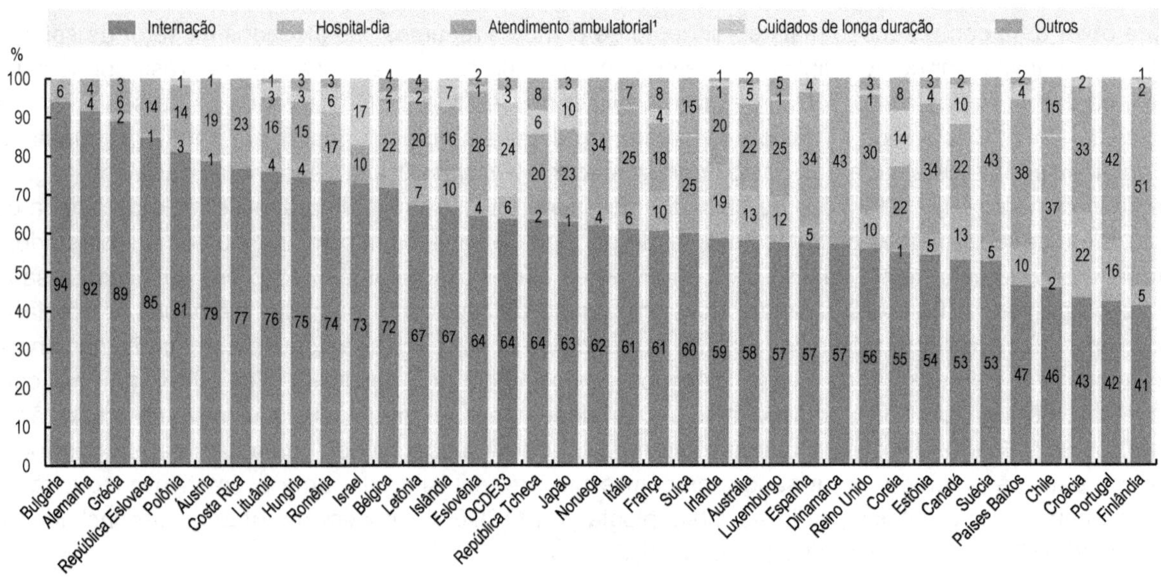

Observação: "Outros" inclui atividade de cuidados preventivos; medicamentos se dispensados a pacientes ambulatoriais; e serviços desconhecidos. 1 Inclui atividades complementares.
Fonte: OECD (2023[3]), *Health at a Glance 2023: OECD Indicators*, https://doi.org/10.1787/7a7afb35-en.

Tabela 6.1. Uma classificação brasileira de prestadores de saúde poderia servir como ponto de partida

Código	Descrição
01	Hospital
02	Unidade de cuidados domiciliares
03	Unidade de teleatendimento
04	Consultório isolado
05	Unidade de atenção especializada – psicossocial
06	Unidade de atenção básica
07	Unidade ambulatorial de urgência e emergência
08	Clínica ambulatorial especializada
09	Unidade móvel
10	Laboratório e centro diagnóstico
11	Farmácia
12	Unidade de gestão e apoio logístico
13	Unidade de vigilância e prevenção em saúde

Fonte: Brasil. Ministério da Saúde (2022[2]), *Contas de saúde na perspectiva da contabilidade internacional: conta SHA para o Brasil, 2015 a 2019*, https://doi.org/10.38116/978-65-5635-028-8.

6.2. Receitas: completando o panorama do financiamento da saúde no Brasil

Como visto em capítulos anteriores, a arquitetura do financiamento da saúde no Brasil é particularmente complexa. Nas estimativas baseadas na metodologia aprimorada, os dados de financiamento da saúde são apresentados de maneira exclusiva sob a ótica dos *regimes de financiamento* (HF) — ou seja, referindo-se aos acordos por meio dos quais as pessoas acessam os serviços de saúde. No entanto, para obter uma compreensão mais completa de como o financiamento da saúde funciona em um país, essa perspectiva deve ser complementada com a identificação dos agentes de financiamento (FA) que implementam os diversos *regimes de financiamento* (FS) *e suas receitas*. Conforme indicado no manual metodológico das Contas de Saúde do Brasil, "*a identificação das fontes de receita e dos agentes de financiamento é realizada apenas de forma descritiva, sem discutir o método de cálculo das receitas vinculadas a cada tipo e a cada agente de financiamento*". O manual também destaca que essa é considerada uma área para pesquisas futuras.

Um aspecto fundamental do financiamento do sistema de saúde gira em torno dos papéis dos diversos agentes de financiamento na transferência de fundos por meio do sistema. No Brasil, os agentes de financiamento incluem o Ministério da Saúde, o Fundo Nacional de Saúde, as secretarias estaduais e municipais de saúde e as operadoras de planos de saúde privados, entre outros. Entender as interações entre esses diferentes agentes e mapear os fluxos entre eles, desde as fontes até os usos, contribuirá, em última análise, para uma melhor compreensão do cenário financeiro dentro do sistema de saúde.

Para atingir esse objetivo, é necessário desenvolver uma agenda de pesquisa abrangente voltada para regimes de financiamento (ICHA-FS) e agentes de financiamento (ICHA-FA). Ela deve ter como objetivo fornecer estimativas mais precisas e aprofundadas relacionadas a esses mecanismos de financiamento.

Em toda a OCDE, quase três em cada quatro países conseguem identificar com sucesso as receitas de todos os regimes de financiamento, uma capacidade que também é compartilhada por todos os países-membros na América Latina. Embora a alocação de agentes de financiamento às categorias apropriadas possa apresentar desafios, identificar as receitas desses regimes deve ser uma tarefa relativamente simples para o Brasil. Nesse sentido, o país compartilha semelhanças com vários países da OCDE que têm sistemas de financiamento do tipo Serviço Nacional de Saúde (NHS) com um mercado de planos privados duplicado, incluindo o Reino Unido, a Austrália e a Nova Zelândia.

O primeiro passo para identificar efetivamente as receitas (FS) é a categorização precisa dos regimes de financiamento (HF). Por convenção, algumas delas são vinculadas a categorias específicas de regimes de financiamento, o que significa que uma identificação precisa desses regimes é fundamental para mapear corretamente as fontes de receita. Essa etapa fundamental garantirá uma estrutura sólida para entender e relatar o sistema de financiamento da saúde do Brasil de forma abrangente e comparável internacionalmente.

Com base no entendimento atual da arquitetura do financiamento da saúde no Brasil, os tipos de receitas (ICHA-FS) de cada regime de financiamento já estão descritos no manual brasileiro de contas de saúde. A partir disso, o SUS (HF111) é financiado quase que exclusivamente por transferências internas (FS1). Isso também ocorre com o regime dos servidores públicos que não exige contribuições dos beneficiários. O regime para militares e profissionais de segurança pública, considerado como um regime de seguridade social (HF121), é financiado por contribuições sociais (FS3) — tanto de empregadores quanto de empregados — e possivelmente por transferências em nome de grupos específicos (FS1). O plano de saúde privado voluntário (HF21), que desempenha um papel significativo no Brasil e geralmente assume a forma de plano duplicado, é financiado, em geral, por contribuições voluntárias (FS5) — feitas por empregadores ou por famílias/empregados. No entanto, os incentivos fiscais para prêmios de plano privado não são negligenciáveis. Eles devem ser descontados das contribuições voluntárias e realocados como subsídios (FS13), caso sejam transações mensuráveis e estejam registradas nos orçamentos públicos.[1] Por convenção, os pagamentos diretos (HF3) devem ser alocados a outras receitas das famílias (FS61). Quaisquer deduções fiscais de desembolso direto que possam ser recuperadas do erário público devem ser deduzidas antes na esfera do regime de financiamento (de HF3 a HF11). No geral, com base neste roteiro, a identificação de todas as receitas dos regimes de financiamento deve ser viável.

Como a divisão importante entre o financiamento público e privado da saúde costuma ser feita com base na classificação das receitas e não dos regimes de financiamento, a implementação dessa dimensão adicional do SHA torna-se ainda mais relevante para as comparações internacionais. Isso se aplica no caso do Brasil, onde os subsídios governamentais substanciais para a adesão ao plano de saúde privado voluntário passariam despercebidos. Se a análise for restrita apenas aos regimes de financiamento, o papel do gasto público seria subestimado. Do ponto de vista das políticas públicas, isso também deixaria de evidenciar possíveis questões de equidade associadas ao apoio governamental para a contratação de planos de saúde privados, que está concentrado entre os grupos populacionais mais ricos no país (Montoya Diaz et al., 2020[4]).

Além disso, para fins nacionais, o Brasil poderia mostrar como as receitas do SUS, mas também as despesas (alocadas coletivamente ao HF111), poderiam ser subdivididas entre o governo federal, os governos estaduais e os municípios. As descrições das diversas fontes de dados – SIAFI/SIOPS no caso do SUS, os portais de transparência para planos de saúde de servidores estaduais, ou DIOPS/ANS no caso dos privados – indicam a disponibilidade de informações para avaliar as receitas detalhadas dos diversos regimes de financiamento no Brasil. Essa abordagem poderia se tornar uma ferramenta poderosa e informar discussões sobre políticas públicas, como, por exemplo, se os diferentes níveis de governo estão financiando as respectivas parcelas conforme previsto na Constituição. Outros países da OCDE que compartilham algumas semelhanças com o sistema de saúde brasileiro também demonstram interesse em compreender o papel dos diferentes níveis de governo tanto na geração de receitas quanto nos gastos. No Canadá, por exemplo, é possível distinguir o gasto público em saúde entre os desembolsos dos governos provinciais/territoriais, a despesa direta do governo federal, o gasto em saúde dos governos municipais e os desembolsos dos fundos de seguridade social (CIHI, 2024[5]). A análise também pode ser feita para cada província canadense, o que permite comparar a participação federal nos gastos públicos em saúde em cada uma delas.

6.3. Monitoramento dos investimentos no setor da saúde para um futuro resiliente

Acompanhar os investimentos financeiros no setor de saúde é crucial para formuladores de políticas públicas que buscam avaliar a capacidade física dos sistemas de saúde agora e no futuro. A alocação de recursos para novas unidades de saúde, equipamentos de diagnóstico e terapêuticos, bem como para tecnologias da informação e comunicação (TIC), desempenha um papel vital no fortalecimento da capacidade dos sistemas de saúde de atender às necessidades crescentes e em constante evolução da população, além de garantir resiliência diante de choques súbitos.

Para facilitar isso, a coleta de dados do Questionário Conjunto de Contas de Saúde (QCCS) inclui uma tabela dedicada à "Formação Bruta de Capital Fixo"[2] para cada categoria de prestadores de saúde, que inclui investimentos em infraestruturas (por exemplo, a construção de centros de atenção básica), máquinas e equipamentos (isto é, camas hospitalares e aparelhos de ressonância magnética) e propriedade intelectual (como o desenvolvimento de bases de dados de saúde digitais e plataformas de telemedicina).

Nos países da OCDE, a formação bruta de capital fixo no setor da saúde representa normalmente cerca de 0,6% do PIB – bem inferior à despesa corrente com saúde, que representa cerca de 9% do PIB (OECD, 2023[3]). Em alguns casos, os responsáveis pelas contas de saúde podem contar com fontes de dados específicas desse setor e devem alinhar, até certo ponto, as informações com os dados de Formação Bruta de Capital Fixo (FBCF) nas Contas Nacionais Anuais, mesmo que alguns ajustes sejam necessários para se aproximar melhor dos limites estabelecidos pelo SHA para os prestadores de saúde.

No Brasil, os investimentos no setor de saúde, tanto públicos quanto privados, foram declarados como parte da segunda implementação-piloto. De acordo com os metadados que acompanham o envio de dados do QCCS brasileiro para 2021, as principais fontes de dados do IBGE incluem:

- Pesquisa Industrial Anual – Abrange investimentos em setores industriais, incluindo equipamentos médicos e infraestrutura.
- Pesquisa Anual da Construção Civil – Capa investimentos em projetos de infraestrutura, incluindo unidades de saúde.

Além disso, é indicado que o SIAFI inclui informações sobre a execução orçamentária de infraestrutura, equipamentos médicos e projetos de capital no setor de saúde, enquanto o SIOPS oferece informações tanto sobre despesas correntes quanto sobre investimentos em capital na esfera mais local.

Compreender e integrar essas diferentes fontes pode ajudar os formuladores de políticas públicas a desenvolverem uma visão mais clara das tendências de investimento em capital nesse setor. Em última análise, isso pode garantir que os recursos sejam alocados de maneira estratégica para melhorar a infraestrutura e os serviços de saúde. À medida que cresce a demanda por sistemas de saúde mais resilientes, fortalecer os mecanismos de monitoramento de investimentos será fundamental para aumentar a capacidade e a rapidez de resposta tanto em situações rotineiras quanto em cenários de crise.

6.4. Exploração das variações regionais nos gastos em saúde no Brasil

Outra ampliação que pode ser de grande interesse para o Brasil é a geração de um detalhamento dos gastos em saúde por estado, ou mesmo município. Vários países da OCDE implementaram as contas de saúde de forma que essa informação seja calculada regularmente, por exemplo, Austrália, Canadá, Espanha, Suíça ou Estados Unidos. No Canadá, as províncias enviam dados ao Instituto Canadense de Informações sobre Saúde (CIHI), instituição federal independente que compila diferentes fontes de dados e elabora contas baseadas no SHA nas esferas provincial e federal para comparações regionais e internacionais.

Estimativas regionais de gastos em saúde também são elaboradas em alguns países da América Latina. No México, por exemplo, o relatório anual de contas de saúde inclui o detalhamento dos gastos públicos em saúde por estado (Gobierno de México, 2025[6]). Os dados mais recentes disponíveis destacam diferenças substanciais entre eles (Figura 6.2).

Figura 6.2. Os gastos públicos em saúde por estado destacam importantes diferenças regionais no México

Gasto público em saúde per capita por ente federativo, em pesos mexicanos (MXN), 2023

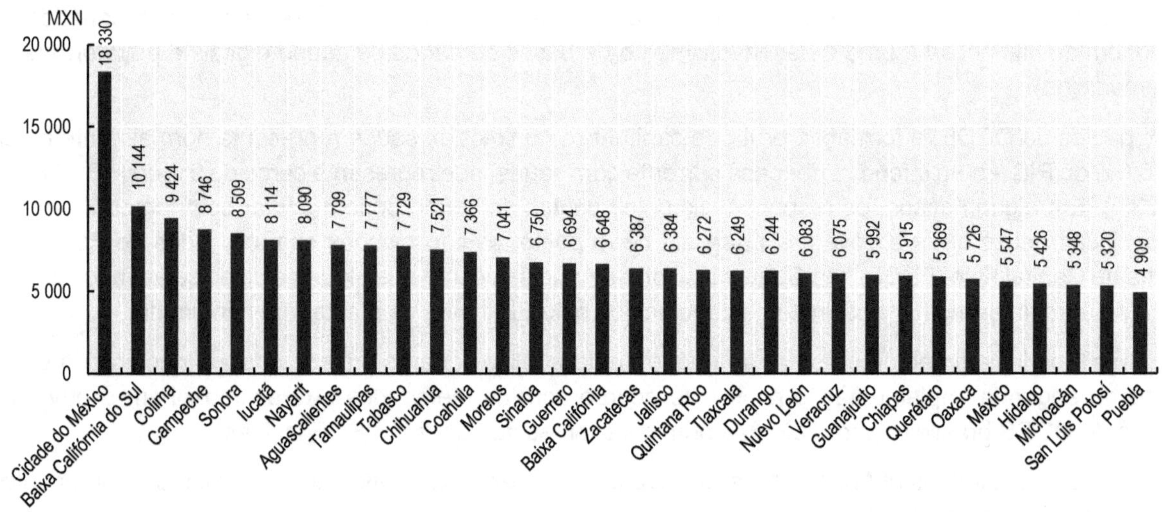

Observação: não inclui gastos de SEDENA, SEMAR ou ISSFAM, pois essas instituições só informam os dados em nível nacional.
Fonte: Gobierno de México (2025[6]), *SICUENTAS – Gasto Público en Salud*, www.dgis.salud.gob.mx/contenidos/basesdedatos/da_sicuentas_gobmx.html.

Acompanhar os gastos em saúde por região pode ser particularmente útil para mensurar o desempenho do sistema de saúde em um país onde o financiamento depende de entidades subnacionais. Comparar quanto as regiões gastam per capita em cuidados de saúde é, portanto, um indicador importante para avaliar se existem problemas com acesso geográfico equitativo à saúde, o que pode ser relevante em países grandes com importantes diferenças socioeconômicas entre regiões geográficas. Analisar as variações nos gastos privados entre regiões, incluindo gastos com planos privados e pagamentos diretos, pode contribuir para essa avaliação holística. Diferenças podem indicar possíveis variações nos pacotes de benefícios entre regiões (caso eles sejam definidos em nível subnacional) ou a indisponibilidade de serviços de saúde financiados publicamente (devido à distância geográfica ou a longos tempos de espera), levando a população a recorrer a serviços de saúde com financiamento privado.

Para esse exercício-piloto, o Brasil poderia se beneficiar das ricas fontes de dados disponíveis para mensurar os gastos em saúde na esfera nacional e aplicá-los a uma análise regional. No caso dos gastos do SUS, que representam 43% do total de gastos em saúde, a discriminação das despesas pela União, pelos estados e municípios já está incorporada implicitamente na abordagem atual da conta de saúde. Para calcular os gastos em saúde por estado, seria necessário alocar todos os recursos federais aos estados e municípios beneficiados pelas transferências da União, além de agrupar os dispêndios municipais ao nível do respectivo estado. No caso dos valores relativamente pequenos dos gastos destinados a regimes de servidores públicos federais, seria preciso adotar critérios de alocação regional, possivelmente com base no local de residência dos beneficiários.

No setor privado, a criação de um detalhamento regional costuma ser mais desafiador. Ainda assim, no Brasil, essa tarefa pode ser viável. A fonte de dados da ANS disponibiliza informações por estado sobre os pagamentos realizados a planos de saúde privados. Isso também ocorre com a Pesquisa de Orçamentos Familiares (POF), utilizada para mensurar o desembolso direto. Uma outra possibilidade para realizar esse detalhamento seria o uso das informações do prestador com base no CNES, registro que permite a alocação de todos os prestadores por unidade da federação.

De maneira geral, o Brasil parece reunir condições favoráveis, com ampla disponibilidade de informações em nível subnacional, para realizar um projeto-piloto de detalhamento regional. Essa iniciativa representaria uma ampliação valiosa do trabalho atual com as contas de saúde e poderia embasar as discussões entre formuladores de politicas públicas federais, estaduais e municipais sobre o uso dos recursos financeiros no sistema de saúde do país.

6.5. Detalhamento dos gastos em saúde por doença e dados demográficos

Um número limitado de países da OCDE divide os gastos em saúde de acordo com as características dos beneficiários e as doenças para obter uma melhor compreensão sobre como os recursos são usados e sobre o peso das diversas doenças nos orçamentos públicos e privados. Combinadas com informações epidemiológicas, as estimativas sobre gastos em saúde por faixa etária, sexo e doenças podem ajudar a planejar futuras alocações de recursos em saúde, por exemplo, para decidir se é necessário mais financiamento para saúde mental ou tratamento do câncer para atender ao crescimento esperado na demanda por esses serviços.

De modo geral, gerar uma análise completa de todos os gastos em saúde por características dos beneficiários e por doenças exige o uso de dados com alto nível de detalhamento, como informações específicas de pacientes. Em países que possuem sistemas de informação centralizados e identificadores únicos de pacientes, a combinação de dados de gastos com características dos indivíduos e diagnósticos permite uma alocação adequada das contas de saúde por faixa etária, sexo e doenças. Ainda assim, mesmo sem essas estruturas, é possível realizar essa alocação utilizando diversos conjuntos de dados específicos de prestadores de saúde que contenham informações sobre características dos pacientes e diagnósticos. De toda forma, a geração de "contas por doença" compatíveis com o SHA costuma ser um processo que exige muitos recursos.

No entanto, uma série de países da OCDE realiza esse trabalho de forma regular, incluindo Austrália, Alemanha, Coreia e Países Baixos. Na Europa, um estudo realizado em 2016 testou a viabilidade do detalhamento dos gastos em saúde por doenças dentro da estrutura do SHA 2011 (Eurostat, 2016[7]). Os resultados indicaram que, em muitos países, os sistemas de informação em saúde apresentam nível suficiente de detalhamento para permitir a distribuição dos dados de gastos em saúde segundo capítulos da CID-10. No entanto, em alguns casos, limitações de dados impediram a alocação de uma parte dos gastos (Tabela 6.2)

Tabela 6.2. A comparação da distribuição das despesas de saúde por doenças entre países revela diferenças importantes

Despesas de saúde por doença para os capítulos da CID-10, 2013, países selecionados da OCDE

CID 10	Descrição	Finlândia	Alemanha	Grécia	Letônia	Lituânia	Hungria	Eslovênia
I	Infecciosa	2,1	1,9	1,5	3,0	3,5	2,4	2,2
II	Neoplasia	11,9	8,4	12,5	8,0	9,7	13,1	9,3
III	Sangue	1,0	0,8	1,9	1,1	1,2	2,0	1,1
IV	Endócrina	5,1	5,0	9,2	4,0	4,5	7,9	3,0
V	Mental	11,6	11,1	7,4	10,7	6,6	6,8	8,3
VI	Nervosa	5,7	3,5	2,9	4,2	4,1	4,7	4,1
VII	Olho	1,8	1,8	2,4	5,4	3,8	2,1	4,4
VIII	Ouvido	0,9	1,3	0,4	2,3	1,2	1,1	0,9
IX	Aparelho circulatório	15,3	13,8	16,9	19,2	23,5	16,6	12,8
X	Aparelho respiratório	6,2	6,4	5,5	6,8	8,2	7,2	5,4
XI	Aparelho digestivo	8,8	14,0	10,4	8,5	9,5	7,0	9,8
XII	Pele	1,4	1,4	0,6	1,4	2,2	1,8	1,6
XIII	Sistema osteomuscular	7,3	11,7	7,5	7,2	6,5	8,5	7,9
XIV	Aparelho geniturinário	4,0	4,2	6,5	5,2	4,4	4,7	5,4
XV	Gravidez	2,4	1,8	3,4	3,3	2,7	1,6	1,8
XVI	Perinatal	1,1	0,3	0,9	0,7	1,1	0,7	0,5
XVII	Congênita	0,9	0,4	0,3	0,6	1,0	0,5	0,8
XVIII	Sintomas	3,5	5,1	4,2	0,2	0,8	3,0	4,5
XIX	Lesão	6,1	4,4	2,9	6,5	5,3	3,8	6,8
XX	Externa	0,0	n.a.	0,2	0,1	n.a.	0,2	0,0
XXI	Fatores	2,8	2,7	2,6	1,9	0,3	4,3	9,5
XXII	Propósitos especiais	0,0	0,0	0,0	0,0	0,0	0,0	0,0
	Total	100,0	100,0	100,0	100,0	100,0	100,0	100,0
	Não alocado	n.a.	2,1	11,0	2,6	0,8	2,1	n.a.

Observação: distribuição baseada nas despesas correntes com saúde alocáveis.
Fonte: Eurostat (2016[7]), *HEDIC – Health Expenditures by Diseases and Conditions*, Statistical Working Papers, https://ec.europa.eu/eurostat/documents/3888793/7605571/KS-TC-16-008-EN-N.pdf/6cb33aa4-2e65-4df7-9b2b-1ff171eb1fba?t=1473156921000.

Entre os países da América Latina, a Costa Rica tem declarado gastos em saúde por doença nos últimos anos, utilizando a classificação DIS incluída na *Health Accounts Production Tool* (HAPT) da OMS. A classificação DIS está vinculada à Classificação Internacional de Doenças (CID). No momento, os dados estão disponíveis para os anos de 2018 a 2020, e os gastos do período de 2021 a 2022 estão atualmente em fase de estimativa. O objetivo é consolidar a produção de estimativas de gastos por doença como parte do ciclo anual de divulgação das contas de saúde (Figura 6.3).

Figura 6.3. A Costa Rica reporta regularmente os gastos em saúde para doenças não transmissíveis (DNTs)

Despesa em saúde com DNTs na Costa Rica, 2020

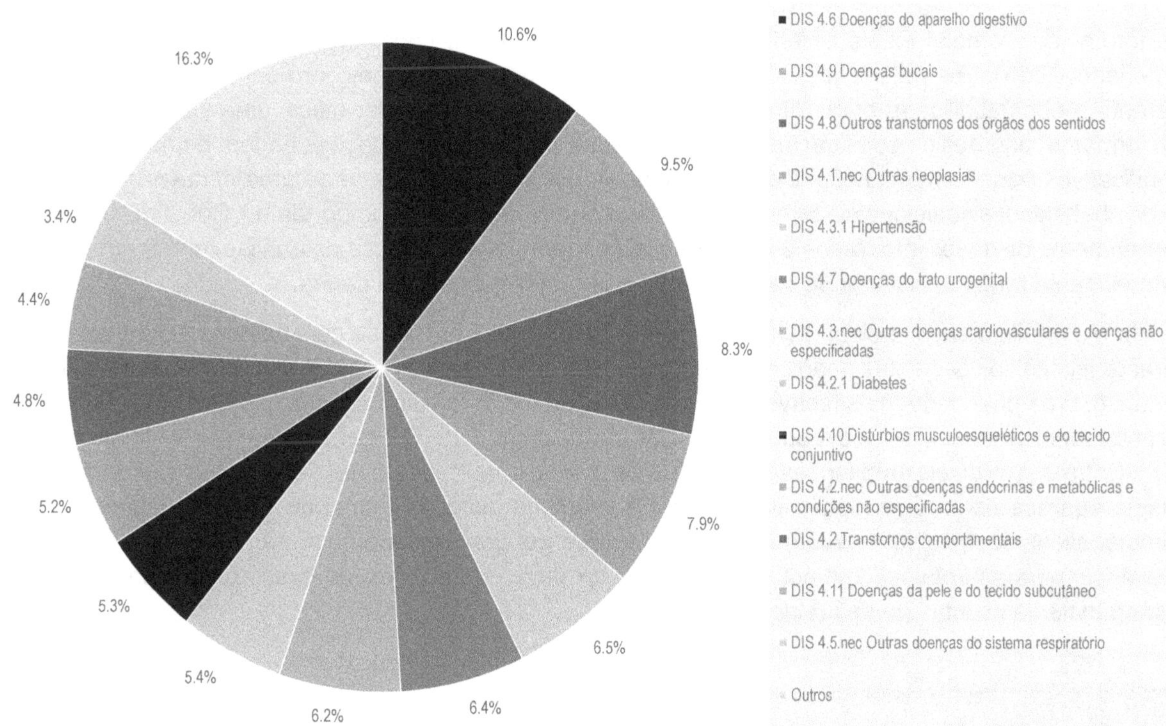

Observação: A classificação da doença é baseada na classificação DIS (HAPT da OMS).
Fonte: Adaptação do Ministério da Saúde, Costa Rica (2025[8]), *Cuentas de salud*, www.ministeriodesalud.go.cr/index.php/biblioteca/material-educativo/material-publicado/indicadores-en-salud/indicadores-de-servicios-de-salud/indicadores-economicos-en-salud/cuentas-de-salud.

No caso do Brasil, com base na compreensão da estrutura das fontes de dados subjacentes, parece que uma abordagem integrada, combinando o SIGTAP com dados de produção — como o SIH (Sistema de Informações Hospitalares) e o SIA (Sistema de Informações Ambulatoriais) — poderia oferecer uma base sólida para a desagregação das despesas com saúde por doença.

O SIGTAP apresenta informações detalhadas sobre procedimentos médicos, medicamentos e órteses, próteses e materiais especiais (OPM) utilizados no SUS. Em muitos casos, essas informações podem ser associadas a doenças específicas, oferecendo uma visão granular dos serviços de saúde e seus respectivos custos. O SIH e o SIA complementam essas informações ao disponibilizar dados extensivos de atividades relativas a procedimentos hospitalares e serviços ambulatoriais. Esses sistemas categorizam diagnósticos e tratamentos usando códigos da CID (Classificação Internacional de Doenças), possibilitando um entendimento detalhado da prevalência e do tratamento de diversas doenças. Ao integrar os dados dessas diferentes fontes, pode ser possível acompanhar os custos associados a procedimentos médicos e tratamentos específicos para capítulos e subgrupos de doenças, utilizando fatores de expansão para ajustar os valores desagregados às estimativas globais de gastos em saúde do SUS.

A partir das especificações documentadas das diversas fontes de dados relacionadas ao plano privado, sugere-se que há potencial para usar dados do DIOPS/ANS, SIP/ANS e TISS para ajudar a calcular os gastos por categoria de doença. Por exemplo, as informações financeiras e de volume das operadoras de planos de saúde, incluindo despesas relacionadas ao reembolso de serviços e outras despesas operacionais e administrativas, podem ser exploradas para avaliar a estrutura e o mapeamento para categorias de doenças padrão. Uma área mais desafiadora é a proporção significativa de gastos relacionados a despesas diretas, onde normalmente a Pesquisa de Orçamentos Familiares (POF) não fornece nenhum detalhe para a alocação por doença. Algumas premissas podem ser adotadas para distribuir os gastos por doença, na ausência de fontes ou pesquisas adicionais de dados.

De forma mais ampla, existem vários desafios gerais a serem considerados. Primeiro, com base na experiência de outros países, essa tarefa exige um grande investimento em capacidade de recursos. Garantir a compatibilidade entre diferentes sistemas de dados pode ser difícil, uma vez que diferenças em formatos, padrões de codificação e práticas de divulgação de informações podem demandar esforços significativos para harmonização. Desafios técnicos, como a necessidade de uma infraestrutura robusta e de habilidades adicionais, também desempenham um papel importante. Por fim, interpretar corretamente os dados integrados e tomar decisões informadas com base na análise requer um profundo entendimento tanto do sistema de saúde quanto das próprias bases de dados.

No curto e médio prazos, a elaboração de estimativas de gastos em saúde com base em doenças e outras características dos pacientes pode ser um objetivo ambicioso demais para o Brasil. Em um horizonte mais imediato, uma prioridade mais factível seria o fortalecimento da divulgação dos gastos em saúde por tipo de prestador de saúde (HP) e o mapeamento das fontes de receita (FS) para os regimes de financiamento (HF). Entre as possíveis ampliações das contas de saúde, a geração de um detalhamento geográfico dos gastos aparece como uma opção mais viável e imediatamente acionável do que a segmentação por características dos pacientes. Além disso, uma análise geográfica por estado provavelmente teria maior relevância para a formulação de políticas públicas, tornando-se um próximo passo prático para ampliar a abrangência das contas de saúde do Brasil.

Referências

Brasil. Ministério da Saúde (2022), *Contas de saúde na perspectiva da contabilidade internacional : conta SHA para o Brasil, 2015 a 2019*, Ipea, https://doi.org/10.38116/978-65-5635-028-8. [2]

CIHI (2024), *National Health Expenditure Trends, 2024: Data Tables — Series B*, Canadian Institute for Health Information, https://www.cihi.ca/en/national-health-expenditure-trends#additional. [5]

Eurostat (2016), *HEDIC - Health Expenditures by Diseases and Conditions*, Statistical Working Papers, https://ec.europa.eu/eurostat/documents/3888793/7605571/KS-TC-16-008-EN-N.pdf/6cb33aa4-2e65-4df7-9b2b-1ff171eb1fba?t=1473156921000. [7]

Gobierno de México (2025), *SICUENTAS - Gasto Público en Salud*, http://www.dgis.salud.gob.mx/contenidos/basesdedatos/da_sicuentas_gobmx.html. [6]

Ministry of Health, Costa Rica (2025), *Cuentas de Salud*, https://www.ministeriodesalud.go.cr/index.php/biblioteca/material-educativo/material-publicado/indicadores-en-salud/indicadores-de-servicios-de-salud/indicadores-economicos-en-salud/cuentas-de-salud. [8]

OECD (2023), *Health at a Glance 2023: OECD Indicators*, OECD Publishing, Paris, https://doi.org/10.1787/7a7afb35-en. [3]

OECD (2018), *Spending on Primay Care: First estimates*, OECD Publishing, Paris, https://www.oecd.org/en/publications/spending-on-primary-care_a75a9bcb-en.html. [1]

Thomson, S., A. Sagan and E. Mossialos (eds.) (2020), *Private health insurance in Brazil, Egypt and India*, Cambridge University Press, https://doi.org/10.1017/9781139026468. [4]

Notas

[1] O Manual SHA 2011 sugere levar em consideração os créditos fiscais e as deduções do imposto de renda gerados pelos gastos em saúde ao mensurar o desembolso direto, caso exista uma transação. O mesmo princípio deve ser aplicado no caso de pagamentos de prêmios ao plano de saúde voluntário.

[2] Formação Bruta de Capital Fixo refere-se à aquisição (menos alienação) do ativo imobilizado, que precisa ser utilizado na produção por mais de um ano.

7 Fortalecimento das contas de saúde no Brasil: institucionalização, governança e impacto político

Para ter algum impacto político, as contas de saúde devem ser totalmente institucionalizadas e seus resultados amplamente disseminados. Este capítulo destaca como a elaboração das contas de saúde no Brasil pode ser fortalecida para liberar seu potencial por completo. Com base nas melhores práticas dos países da OCDE, discute-se como a governança da elaboração das contas de saúde poderia ser organizada, bem como alguns aspectos técnicos de seu processo de elaboração, com o objetivo de traçar um caminho para a plena institucionalização das contas de saúde no Brasil. Também são apresentados exemplos de estratégias abrangentes de disseminação desenvolvidas na OCDE para maximizar o impacto das contas de saúde.

As contas de saúde servem como uma ferramenta vital para informar as políticas de saúde, permitindo a tomada de decisões baseadas em evidências, a alocação de recursos e o monitoramento do desempenho do sistema. Entretanto, para que seu potencial seja plenamente realizado, a elaboração deve ser sistematicamente institucionalizada e seus resultados devem ser disseminados de maneira ampla. No Brasil, com base nos esforços existentes, é possível obter mais progresso aproveitando as experiências de outros países que fortaleceram com sucesso suas contas de saúde.

Uma elaboração bem estabelecida de contas de saúde garante consistência, comparabilidade e sustentabilidade na análise. Ela também facilita a integração com a formulação de políticas econômicas e de saúde mais amplas. Igualmente importante é a divulgação de contas de saúde para formuladores de políticas públicas, pesquisadores e o público em geral, promovendo transparência e debate informado sobre financiamento e gastos em saúde.

A partir da experiência de cerca de 12 países da OCDE, é possível identificar boas práticas e lições essenciais que podem orientar os esforços do Brasil para fortalecer as contas de saúde (OECD, 2025[1]). Essas percepções ressaltam a importância de assegurar mandatos legais e institucionais, fomentar a colaboração entre agências, investir em capacidade técnica e desenvolver estratégias de comunicação acessíveis ao público. Ao incorporar esses elementos, o Brasil poderá ampliar ainda mais a eficácia das contas de saúde, contribuindo, em última instância, para políticas de saúde mais eficientes e equitativas.

7.1. Institucionalização: criação de uma base sólida

A institucionalização adequada das contas da saúde é um passo essencial para garantir a produção regular de dados de alta qualidade sobre despesas e financiamento de saúde. Nesse contexto, a *governança* do processo de elaboração, os *aspectos técnicos* do processo de elaboração e a *divulgação dos resultados*, incluindo seu *uso* para informar a criação de políticas, são domínios fundamentais. Embora não exista uma abordagem universal para a institucionalização das contas de saúde, as experiências dos países da OCDE destacam algumas boas práticas que podem orientar os países na adaptação de suas estruturas às particularidades dos sistemas de saúde, das bases de dados e estruturas administrativas (OECD, 2025[1]). Para o Brasil, o fortalecimento dos acordos institucionais e dos mecanismos de governança será fundamental para garantir a sustentabilidade, a confiabilidade e a relevância política das contas de saúde.

7.1.1. Governança e acordos institucionais adequados

Uma estrutura de governança bem estruturada é essencial para garantir a credibilidade e a sustentabilidade das contas de saúde. Diferentes países adotaram modelos institucionais variados, cada um com vantagens e desvantagens.

Uma abordagem é atribuir a responsabilidade pela prestação de contas de saúde ao Ministério da Saúde, garantindo que os dados de despesas estejam intimamente ligados às discussões sobre políticas no setor. Isso pode facilitar respostas rápidas às necessidades políticas emergentes e alinhar as contas de saúde com objetivos estratégicos mais amplos. No entanto, os ministérios podem não ter a experiência técnica, a capacidade analítica financeira ou a perspectiva intersetorial necessária para uma análise abrangente.

A principal alternativa é que os países atribuam a elaboração das contas de saúde aos seus Institutos Nacionais de Estatística (INEs), que geralmente oferecem sólido conhecimento técnico, consistência metodológica e estabilidade institucional de longo prazo. Por outro lado, os INEs podem não ter uma conexão tão próxima com os formuladores de políticas públicas de saúde, o que pode limitar o uso direto das contas de saúde na tomada de decisões.

Outra opção é institucionalizar as contas de saúde dentro de agências independentes de saúde ou por meio de colaborações multi-institucionais envolvendo ministérios da saúde, institutos de estatística e instituições acadêmicas. Esses modelos híbridos podem otimizar as forças de diferentes instituições, assegurando tanto o rigor técnico quanto a relevância política. No entanto, eles exigem mecanismos de coordenação bem definidos para evitar a duplicação de esforços e garantir a prestação de contas.

Um fator essencial para assegurar a sustentabilidade das contas de saúde é a existência de um mandato legal ou regulatório para sua elaboração, exigida por lei em muitos países, o que proporciona uma base estável para financiamento, alocação de pessoal e acesso a dados. Uma base legal ou um mandato também pode facilitar a cooperação com provedores de dados, como seguradoras e prestadores de saúde. Embora alguns países mantenham a elaboração robusta das contas de saúde sem legislação formal, o forte compromisso institucional continua sendo essencial para o sucesso a longo prazo.

7.1.2. Sistemas de dados robustos e acessíveis

A elaboração das contas de saúde depende da integração de dados provenientes de diversas fontes, incluindo registros de despesas governamentais, sinistros de seguros, pesquisas domiciliares e relatórios do setor privado. Estabelecer e manter relações sólidas com os provedores de dados e demais partes interessadas é fundamental para garantir a integridade, precisão e atualidade das informações.

Em muitos países, a obtenção de dados baseia-se em acordos informais com os detentores dessas informações. Embora isso possa proporcionar flexibilidade, a dependência da cooperação voluntária pode resultar em inconsistências ao longo do tempo. Para mitigar esse risco, alguns governos estabeleceram acordos formais de compartilhamento de dados, especialmente com prestadores de saúde privados e operadoras. Eles ajudam a padronizar a comunicação de informações, melhorar a confiabilidade dos dados e garantir atualizações regulares.

Vários países da OCDE também criaram grupos de especialistas em contas de saúde, compostos por profissionais de agências governamentais, do meio acadêmico e de diversas organizações independentes atuantes na área da saúde. Esses grupos oferecem orientação técnica, dão orientações sobre melhorias metodológicas, dão suporte à interpretação dos dados e também podem contribuir para assegurar a qualidade dos resultados das contas de saúde. Igualmente importante, eles ajudam a construir confiança entre as partes interessadas e garantem que essas contas reflitam a realidade do sistema de saúde.

Além do papel técnico, os grupos de especialistas também podem contribuir para aumentar a transparência e a legitimidade, facilitando revisões por pares e mecanismos de feedback. Esse processo fortalece a credibilidade das contas de saúde, tornando-as mais propensas a serem utilizadas em discussões políticas e debates públicos.

7.1.3. Processos técnicos claros e capacidade suficiente

O processo técnico de elaboração das contas de saúde varia entre os países, moldado por diferenças nas estruturas administrativas, na disponibilidade de dados e na cultura institucional. Entretanto, as melhores práticas indicam vários princípios fundamentais que sustentam uma elaboração eficiente e sustentável:

- **Procedimentos operacionais claros:** um ciclo de produção bem definido garante que a coleta, a validação, o tratamento e a análise dos dados sejam realizados de forma sistemática. Um cronograma estruturado ajuda a coordenar esforços entre instituições e evita atrasos na publicação.
- **Padronização com flexibilidade:** embora as contas de saúde devam seguir diretrizes estabelecidas para consistência, elas também devem permitir melhorias contínuas. Estudos regulares para atualizar fontes de dados, classificações e metodologias são cruciais para aumentar a precisão.

- **Capacidade e infraestrutura adequadas:** uma equipe exclusiva com experiência em economia da saúde, estatística e ciência de dados é essencial para elaborar contas de saúde de alta qualidade. Além disso, o investimento em sistemas de TI e ferramentas de gerenciamento de dados pode melhorar a eficiência e reduzir erros.
- **Garantia de qualidade robusta:** a implementação de verificações de validação em todas as etapas do processo de elaboração garante a confiabilidade dos dados. Revisões por pares, auditorias externas e verificações de consistência automatizadas aumentam ainda mais a precisão.
- **Documentação abrangente:** o registro de decisões metodológicas, fontes de dados e métodos de cálculo garante a continuidade e a memória institucional. Isso é importante sobretudo para mitigar interrupções devido à rotatividade de funcionários ou mudanças organizacionais.

Em última análise, o objetivo da institucionalização das contas de saúde é garantir seu uso generalizado na formulação de políticas públicas para o setor. Embora as equipes de contas de saúde possam ter influência direta limitada sobre decisões políticas, o envolvimento proativo com as principais partes interessadas – como autoridades do Ministério da Saúde, parlamentares, representantes da sociedade civil, organizações profissionais de saúde, operadoras e prestadores de saúde – pode aumentar bastante seu impacto. Ao promover o diálogo e a colaboração, esses esforços podem estimular uma maior incorporação dos dados das contas de saúde nas políticas públicas, gerando, consequentemente, demanda por análises mais detalhadas de seus gastos. Isso, por sua vez, fortalece um ciclo virtuoso: o uso cada vez maior das contas de saúde impulsiona novos investimentos em sua qualidade e relevância, reforçando o papel como instrumento essencial para a tomada de decisões baseada em evidências no setor da saúde.

7.1.4. A trajetória progressiva para o Brasil: institucionalizando contas de saúde

Com a elaboração do manual de contas de saúde e as últimas estimativas dos gastos na área para 2022, o Brasil fez progressos notáveis no desenvolvimento de contas de saúde. Com base na experiência da última década e na iniciativa renovada, o país está em uma posição favorável para institucionalizar a produção dessas contas em sua totalidade. Os principais desenvolvimentos apontam para um forte potencial de sucesso, à medida que o país caminha para uma abordagem mais estruturada e sustentável.

- Um sinal animador é o ***forte apoio de formuladores de políticas públicas de alto nível*** dentro do governo brasileiro para elaborar e usar esses dados regularmente. Uma oficina sobre contas de saúde em junho de 2024, iniciada pelo Secretário de Ciência, Tecnologia e Inovação do Ministério da Saúde juntamente com o Presidente do Instituto Brasileiro de Geografia e Estatística (IBGE), o Presidente da Empresa Brasileira de Serviços Hospitalares (EBERSH), e uma apresentação de alto nível da Agência Nacional de Saúde Suplementar (ANS) e da Organização Pan-Americana da Saúde (OPAS) demonstraram um claro comprometimento do setor público com a iniciativa. O evento reuniu um grupo diversificado de partes interessadas, incluindo representantes de estados, municípios, agência de plano de saúde privado, vários ministérios federais e acadêmicos, indicando um interesse amplo e engajado no fortalecimento das contas de saúde e uma base sólida para a institucionalização.
- A nova equipe brasileira de contas de saúde, composta por membros de diferentes instituições, traz expertise complementar ao projeto. Liderada por gerentes de projeto do Departamento de Economia e Desenvolvimento em Saúde (DESID) do Ministério da Saúde, o projeto também conta com especialistas da Agência Nacional de Saúde Suplementar (ANS)[1] e do Instituto Brasileiro de Geografia e Estatística (IBGE). O acordo prevê que cada órgão lidere as estimativas para um ou mais regimes de financiamento específicos, sendo o Ministério da Saúde responsável pelo SUS e por outros gastos públicos (HF1), a ANS, pelas despesas com planos de saúde voluntários (HF21) e o IBGE, pelo desembolso direto (HF3), cabendo também ao Ministério da Saúde o papel de

coordenação. Este tipo de acordo é um tanto incomum em comparação aos países da OCDE, onde a produção de contas de saúde geralmente é concentrada em uma única agência. No entanto, não é diferente da situação na Coreia, onde diversas agências de saúde e seguros, sob a liderança de um professor universitário, elabora coletivamente contas de saúde uma vez ao ano. Nesse esquema, a ***cooperação entre as diferentes autarquias deve ser formalizada*** para garantir que cada interveniente tenha responsabilidades claras e definidas.

- Muitos países da OCDE que institucionalizaram com sucesso contas de saúde ***criaram grupos de especialistas para dar suporte à equipe de contas de saúde nos processos de elaboração e disseminação.*** Esses grupos de profissionais são considerados uma prática recomendada, pois fornecem conselhos valiosos sobre questões metodológicas e estatísticas relacionadas às estimativas de gastos em saúde, bem como sobre as implicações políticas dos resultados. Eles são consultados com frequência antes da divulgação de novos dados, servindo como uma camada adicional de "garantia de qualidade". A composição desses grupos varia, com especialistas vindos de diversas origens dentro do sistema de saúde.
    - Na França, por exemplo, o grupo consultivo inclui mais de 50 profissionais de vários ministérios, agências de saúde, associações profissionais, sindicatos, grupos de pacientes e acadêmicos.
    - O Canadá tem dois órgãos de especialistas distintos: um grupo técnico, composto por peritos em estatística e dados de agências federais e provinciais, e um grupo político que se concentra na interpretação dos resultados das contas de saúde dentro do contexto mais amplo da política de saúde, recomendando estratégias de disseminação e sugerindo futuras áreas de foco.
- O Brasil deve considerar a criação formal desse grupo consultivo, aproveitando o sucesso da oficina realizada em junho de 2024, que reuniu mais de 80 especialistas de diversas partes interessadas, bem como parcerias já estabelecidas. Ao formá-lo, seria benéfico garantir a inclusão das principais partes interessadas, a fim de promover uma abordagem abrangente e inclusiva. Isso poderia incluir representantes dos estados e municípios (por meio do CONASS e do CONASEMS), de outros ministérios federais, como o da Fazenda, prestadores de saúde, profissionais da área, bem como pesquisadores e institutos de pesquisa. O foco principal do grupo deve ser a melhoria da qualidade das contas de saúde, mas também a inserção dos resultados no contexto mais amplo do sistema de saúde brasileiro. Dessa forma, o grupo não apenas ofereceria expertise essencial, como também agregaria legitimidade a essa nova área de trabalho, reforçando sua relevância para o desenvolvimento de políticas públicas.
- Em muitos países da OCDE, existe uma obrigação legal de elaborar regularmente contas de saúde. Isso se aplica para os estados-membros da União Europeia onde há um mandato baseado na legislação do continente. Mesmo sem um dispositivo supranacional, alguns países incorporam essa elaboração em normas nacionais. Em outros países, como Austrália e Canadá, não há um texto legal específico que imponha a elaboração anual das contas de saúde, mas uma responsabilidade pode ser inferida das missões institucionais dos órgãos encarregados dessa tarefa. Assim, embora não seja um requisito indispensável, ***um respaldo jurídico pode favorecer a institucionalização bem-sucedida das contas de saúde***. Naturalmente, esse respaldo deve vir acompanhado de compromissos financeiros de médio e longo prazo, além de decisões adequadas sobre pessoal, para garantir a manutenção contínua de uma equipe dedicada a essa função.
- Por fim, uma lição das implementações-piloto anteriores de contas de saúde no Brasil é que a metodologia de configuração das contas de saúde, ***as fontes de dados utilizadas e as técnicas de estimativa aplicadas devem ser documentadas por completo***. Até o momento, essa etapa estava ausente e representa um dos desafios para a transição de uma implementação-piloto para uma institucionalização completa. A maioria dos países da OCDE com trajetória consolidada na elaboração de contas de saúde já conta com processos definidos para cada etapa da elaboração.

Normalmente, esses procedimentos estão registrados em diferentes documentos, permitindo que novos integrantes da equipe adquiram rapidamente o conhecimento necessário para garantir a continuidade do trabalho. No entanto, em muitos desses países, houve certa estabilidade entre os principais membros das equipes responsáveis. Com a retomada das atividades nessa área, ***o Brasil estabeleceu como prioridade a documentação abrangente do processo produtivo*** e – paralelamente à elaboração de novas estimativas de gastos em saúde – a equipe responsável redigiu um manual interno que deve permitir que novos profissionais compreendam rapidamente os conceitos fundamentais, as classificações e categorias utilizadas, as fontes de dados disponíveis e as metodologias de estimativa aplicadas. ***Isso é louvável.*** Embora a Costa Rica esteja atualmente envolvida em uma atividade semelhante, a maioria dos países da OCDE não tem um "inventário centralizado", mas depende de vários documentos ou arquivos distintos. Ainda seguindo as melhores práticas, o Brasil também considera a publicação de um documento metodológico para acompanhar a divulgação dos novos dados. Essa iniciativa confere maior legitimidade às informações e pode servir como instrumento para aprimorar a qualidade no futuro. O México, por exemplo, publica anualmente um relatório detalhado sobre a qualidade de suas contas de saúde, utilizando também um sistema de semáforo para classificar as fontes de dados (e os respectivos fornecedores) com base em indicadores como pontualidade, completude, consistência com as classificações e validade das informações (Gobierno de México, 2025[2]).

7.2. Disseminação: maximizando o impacto

A revisão da OCDE (OECD, 2025[1]) aponta para o desenvolvimento de ***estratégias de disseminação para maximizar o impacto*** das contas de saúde e a sua utilização política como um componente fundamental para uma institucionalização bem-sucedida. As melhores práticas sugerem produzir ***um conjunto de resultados para diferentes usuários*** para maximizar o alcance e o impacto. Isso deve variar desde ***comunicados à imprensa*** e ***tabelas de dados correspondentes*** para aumentar a conscientização e comunicar resultados de alto nível a um público amplo até ***análises mais aprofundadas***, que também ampliam o contexto político dos gastos em saúde para envolver públicos especializados, incluindo ministérios da saúde e tomadores de decisão. É claro que a natureza dessas análises precisa se concentrar em tópicos de alta relevância para o país para poder contribuir para os debates políticos. A ***organização de eventos de alto nível*** para publicação e discussão dos resultados das contas da saúde provou ser uma forma eficaz de aumentar ainda mais a conscientização e a relevância dos resultados dessas contas.

O Brasil já divulgou resultados de suas contas de saúde no passado (Ministério da Saúde, Fiocruz, 2018[3]; Brasil. Ministério da Saúde, 2022[4]), mas essas publicações não parecem ter alcançado o efeito desejado de aumentar a conscientização sobre os dados entre as principais partes interessadas (assim como entre o público em geral), o que, eventualmente, impulsionaria seu uso em políticas públicas. Essas publicações apresentaram os primeiros resultados da alocação dos gastos do SUS para os anos de 2010 a 2014 (Ministério da Saúde, Fiocruz, 2018[3]) e, posteriormente, expandiram a análise para o total dos gastos em saúde nos anos de 2015 a 2019 (Brasil. Ministério da Saúde, 2022[4]), com base nos padrões contábeis do SHA 2011. No entanto, houve menor ênfase na discussão desses resultados no contexto dos debates atuais de políticas de saúde no Brasil e na oferta de uma perspectiva internacional.

Nesse sentido, o país poderia aprender com estratégias de disseminação de vários países da OCDE. A ***França***, por exemplo, desenvolveu uma estratégia de divulgação muito elaborada para maximizar o impacto das contas de saúde no país (Quadro 7.1). Ela combina a publicação anual de um relatório substancial no qual as últimas tendências de gastos em saúde são colocadas em um contexto mais amplo de política de saúde com discussões de alto nível sobre questões políticas em andamento. O momento da divulgação está intimamente alinhado com o ciclo orçamentário para ter o máximo impacto político logo antes do início da discussão parlamentar do orçamento da saúde. Por fim, a publicação das contas de saúde é apresentada e debatida em uma reunião anual da comissão de contas de saúde (um grupo composto por mais de 50 especialistas em financiamento da saúde), geralmente com a presença do ministro responsável pela saúde, o que reforça a percepção pública da importância desse trabalho.

Para disseminar o conhecimento sobre as contas de saúde na comunidade acadêmica e obter maior legitimidade para os dados e metodologias aplicadas, especialistas em contas de saúde na Coreia e nos Estados Unidos publicam regularmente resultados e análises em periódicos científicos revisados por pares (Jeong, 2011[5]; Martin et al., 2025[6]).

Diversos países, como Austrália e Canadá, também desenvolveram uma série de produtos para divulgar os resultados das contas de saúde a diferentes públicos. Esses materiais vão desde infográficos e postagens em redes sociais com mensagens-chave até análises detalhadas destinadas a especialistas em políticas de saúde ou dados.

Quadro 7.1. O lançamento anual do *Comptes de la santé* na França

A *Direction de la Recherche, des Études, de l'Évaluation et des Statistiques* (DREES) do Ministério da Saúde da ***França*** é responsável pela produção de contas da saúde há muito tempo. Os dados de despesas mais recentes, incluindo uma série temporal revisada, geralmente são publicados em setembro do ano seguinte, em conjunto com uma análise muito detalhada dos dados de gastos em saúde, colocados no contexto de discussões políticas importantes. A edição de 2024 da publicação sobre a contabilidade da saúde francesa teve quase 300 páginas (DREES, 2024[7]).

O momento da divulgação é importante e é ditado não apenas pela disponibilidade de dados, mas também ter um impacto tangível nas discussões sobre políticas de saúde: especificamente, neste final de setembro, o Projeto de Lei de Financiamento da Seguridade Social (*Projet de loi de financement de la sécurité sociale* (PLFSS)) para o ano seguinte é adotado no Conselho de Ministros antes de ser discutido no parlamento. O relatório anual *Comptes de la Santé* é baseado principalmente na versão francesa específica das CNS e abrange análises detalhadas das tendências de cada serviço de saúde e acordo de financiamento individual (tanto em preços correntes quanto constantes). Também inclui uma comparação relevante dos gastos em saúde franceses em um contexto internacional para o qual a estrutura SHA 2011 é usada (as diferenças entre os dados das CNS e do SHA da França também são explicadas com mais detalhes no relatório). Algumas informações metodológicas sobre os cálculos de despesas com saúde também são abordadas nos anexos do relatório. Por fim, a publicação sempre inclui alguma análise pertinente e complementar de políticas de saúde que vão além dos gastos em saúde. Na edição de 2024, por exemplo, a análise explorou as implicações de uma reforma política para reduzir copagamentos de produtos médicos específicos e a evolução da compensação por licença médica.

A publicação é divulgada no site do Ministério da Saúde para coincidir com a reunião anual da comissão de contas da saúde (*Commission des comptes de la santé*). Essa reunião é um evento que dura metade de um dia, em geral aberto pelo ministro, e conta com a presença de membros da comissão e especialistas convidados (cerca de 50 a 80 pessoas). Além de apresentar e discutir as conclusões dos últimos dados das contas da saúde, a pauta inclui itens complementares que abrangem tópicos atuais de políticas de saúde (como assistência odontológica, saúde mental, cuidados de longo prazo). A OCDE participa regularmente das reuniões anuais da Comissão, fornecendo uma perspectiva internacional sobre alguns dos resultados e tópicos discutidos.

7.2.1. *Contas de saúde do Brasil: lições importantes para o sucesso*

Em resumo, o Brasil tem uma oportunidade valiosa de se inspirar nos países da OCDE e tomar medidas decisivas para institucionalizar totalmente a produção de contas de saúde e desenvolver uma estratégia abrangente de disseminação. Isso inclui a criação de uma base jurídica e financeira sólida para a compilação regular de contas de saúde de alta qualidade que respondam às necessidades e prioridades nacionais. O objetivo deve ser produzir contas anuais de saúde oportunas e relevantes, que sejam providas de recursos sustentáveis e sistematicamente incorporadas à infraestrutura de informações de saúde do país. Felizmente, o Brasil não está começando do zero – ele pode desenvolver o trabalho existente e alavancar suas parcerias estabelecidas com as principais partes interessadas. Um passo crucial que resta é formalizar o processo por meio de um mandato legal, garantindo continuidade e capacidade de longo prazo. Além disso, o desenvolvimento de um manual nacional sobre a metodologia usada no Brasil é um recurso valioso que pode dar suporte à consistência e facilitar a transição durante mudanças de pessoal ou de funções institucionais.

Olhando para o futuro, o Brasil também deve explorar o desenvolvimento de um detalhamento regional dos gastos em saúde. Isso aumentaria muito o poder analítico e a relevância política das contas de saúde. Grandes países da OCDE, como Austrália, Canadá e Estados Unidos, demonstraram o valor das comparações subnacionais para informar políticas e abordar disparidades regionais. No caso do Brasil, onde as disparidades socioeconômicas e de saúde entre as regiões são ainda mais pronunciadas, as contas regionais de saúde podem desempenhar um papel essencial na orientação de decisões políticas mais equitativas. Notavelmente, outros países da América Latina, como Chile e México, também deram passos importantes ao publicar dados regionais de gastos em saúde, oferecendo modelos úteis que o Brasil pode considerar.

Por fim, para aproveitar plenamente o potencial das contas de saúde, o país deve desenvolver uma estratégia de disseminação coerente, que vincule a divulgação de novos dados a análises oportunas de políticas públicas. Alinhar a publicação de dados às prioridades nacionais de saúde — e apresentá-los em debates de alto nível conduzidos por autoridades sêniores da saúde — pode aumentar a visibilidade e o impacto das contas de saúde de maneira considerável. Uma abordagem de divulgação bem elaborada é essencial não apenas para ampliar o conhecimento sobre os dados, mas também para demonstrar sua utilidade prática, estimulando, assim, uma demanda contínua e o engajamento político. Para ser realmente eficaz, as contas de saúde devem ser estruturadas e comunicadas de forma que dialoguem com o cenário político brasileiro e as expectativas das partes interessadas.

Referências

Brasil. Ministério da Saúde (2022), *Contas de saúde na perspectiva da contabilidade internacional : conta SHA para o Brasil, 2015 a 2019*, Ipea, https://doi.org/10.38116/978-65-5635-028-8. [4]

DREES (2024), *Les dépenses de santé en 2023 - Résultats des comptes de la santé*, Direction de la recherche, des études, de l'évaluation et des statistiques, https://drees.solidarites-sante.gouv.fr/sites/default/files/2024-11/CNS24.pdf. [7]

Gobierno de México (2025), *SICUENTAS - Gasto Público en Salud*, http://www.dgis.salud.gob.mx/contenidos/basesdedatos/da_sicuentas_gobmx.html. [2]

Jeong, H. (2011), "Korea's National Health Insurance—Lessons From The Past Three Decades", *Health Affairs*, Vol. 30/1, pp. 136-144, https://doi.org/10.1377/hlthaff.2008.0816. [5]

Martin, A. et al. (2025), "National Health Expenditures In 2023: Faster Growth As Insurance Coverage And Utilization Increased", *Health Affairs*, Vol. 44/1, https://doi.org/10.1377/hlthaff.2024.01375. [6]

Ministério da Saúde, Fiocruz (2018), *Contas do SUS na perspectiva da contabilidade internacional: Brasil, 2010-2014*, Ministério da Saúde; Fiocruz, https://bvsms.saude.gov.br/bvs/publicacoes/contas_SUS_perspectiva_contabilidade_internacional_2010_2014.pdf. [3]

OECD (2025), *Boas práticas na institucionalização das contas de saúde: Lições das experiências de 13 países da OCDE*, OECD Publishing, Paris, https://doi.org/10.1787/2993093d-pt. [1]

Notas

[1] A ANS também é uma agência federal.

Anexo A. Principais classificações do System of Health Accounts 2011

Tabela A A.1. Classificação das Funções de Cuidados de Saúde (HC)

Categorias de HC		Descrição
HC.1		**Atenção curativa**
	HC.1.1	Atenção curativa em regime de internação
	HC.1.2	Atenção curativa em regime de hospital-dia
	HC.1.3	Atenção curativa ambulatorial
	HC.1.3.1	Atenção curativa ambulatorial básica
	HC.1.3.2	Atenção ambulatorial saúde bucal
	HC.1.3.3	Atenção ambulatorial especializada
	HC.1.3.9	Atenção ambulatorial – não especificado
	HC.1.4	Atenção curativa domiciliar
HC.2		**Atendimentos de reabilitação**
	HC.2.1	Atendimentos de reabilitação em regime de internação
	HC.2.2	Atendimentos de reabilitação em regime de hospital-dia
	HC.2.3	Atendimentos de reabilitação ambulatorial
	HC.2.4	Atendimentos de reabilitação domiciliar
HC.3		**Cuidados de longo prazo (saúde)**
	HC.3.1	Cuidados de longo prazo em regime de internação (saúde)
	HC.3.2	Cuidados de longo prazo em regime de hospital-dia (saúde)
	HC.3.3	Cuidados de longo prazo ambulatorial (saúde)
	HC.3.4	Cuidados de longo prazo domiciliar (saúde)
HC.4		**Atividades complementares (não especificados por função)**
	HC.4.1	Exames laboratoriais
	HC.4.2	Exames de imagem
	HC.4.3	Transporte de pacientes
HC.5		**Produtos médicos (não especificados por função)**
	HC.5.1	Medicamentos e outros produtos médicos não duráveis
	HC.5.1.1	Medicamentos sob prescrição médica
	HC.5.1.2	Medicamentos sem receita
	HC.5.1.3	Outros produtos médicos não duráveis
	HC.5.2	Aparelhos terapêuticos e outros produtos médicos duráveis
HC.6		**Cuidados preventivos**
HC.7		**Gestão e governança do sistema de saúde e financiamento**
Todos os HC		**Todas as funções = Despesa Corrente com Saúde**

Fonte: OCDE/OMS/Eurostat (2011), *A System of Health Accounts: 2011 Edition*, https://doi.org/10.1787/9789264116016-en.

Tabela A A.2. Classificação dos prestadores de saúde (HP)

Categorias de HP		Descrição
HP.1		**Hospitais**
	HP.1.1	Hospitais gerais
	HP.1.2	Hospitais de saúde mental
	HP.1.3	Hospitais especializados (exceto hospitais de saúde mental)
HP.2		**Instalações residenciais de cuidados de longa duração**
HP.3		**Prestadores de cuidados de saúde ambulatoriais**
	HP.3.1	Clínicas médicas
	HP.3.2	Consultórios odontológicos
	HP.3.3	Outros profissionais de saúde
	HP.3.4	Centros de saúde ambulatoriais
	HP.3.5	Prestadores de serviços de saúde domiciliares
HP.4		**Prestadores de serviços auxiliares**
	HP.4.1	Prestadores de serviços de transporte de pacientes e resgate de emergência
	HP.4.2	Laboratórios médicos e de diagnóstico
	HP.4.9	Outros prestadores de serviços auxiliares
HP.5		**Varejistas e outros fornecedores de produtos médicos**
	HP.5.1	Farmácias
	HP.5.2	Vendedores varejistas e outros fornecedores de produtos médicos duráveis e aparelhos médicos
	HP.5.9	Todos os outros vendedores diversos e outros fornecedores de produtos farmacêuticos e produtos médicos
HP.6		**Prestadores de cuidados preventivos**
HP.7		**Prestadores de serviços de administração e financiamento de sistemas de saúde**
HP.8		**Restante da economia**
	HP.8.1	Famílias como prestadoras de atenção domiciliar
	HP.8.2	Todas as outras indústrias
HP.9		**Restante do mundo**
Todos os HP		**Todos os prestadores = Despesa Corrente com Saúde**

Fonte: OCDE/OMS/Eurostat (2011), *A System of Health Accounts: 2011 Edition*, https://doi.org/10.1787/9789264116016-en.

Tabela A A.3. Classificação dos regimes de financiamento do sistema de saúde (HF)

Categorias de HF		Descrição
HF.1		**Regimes governamentais e regimes de financiamento da saúde contributivos compulsórios**
	HF.1.1	Regimes do governo
	HF.1.2	Regimes de planos de saúde contributivos compulsórios
	HF.1.2.1	Regimes de plano de saúde social
	HF.1.2.2	Regimes de plano de saúde privado compulsório
HF.2		**Regimes baseados em pagamento de plano de saúde voluntário**
	HF.2.1	Regimes de plano de saúde voluntário
	HF.2.2	Regimes de financiamento mantidos por instituições sem fins lucrativos (ISLF)
	HF.2.3	Regimes de financiamento empresariais
HF.3		**Desembolso direto das famílias**
HF.4		**Regimes de financiamento do restante do mundo (não residentes)**
Todos os HF		**Todos os regimes de financiamento = Despesa Corrente com Saúde**

Fonte: OCDE/OMS/Eurostat (2011), *A System of Health Accounts: 2011 Edition*, https://doi.org/10.1787/9789264116016-en.

Tabela A A.4. Classificação das receitas dos regimes de financiamento da saúde (FS)

Categorias de FS		Descrição
FS.1		**Transferências de receitas domésticas governamentais (alocadas para fins de saúde)**
	FS.1.1	Transferências e subvenções internas
	FS.1.2	Transferências governamentais em benefício de grupos específicos
	FS.1.3	Subsídios
	FS.1.4	Outras transferências de receitas domésticas do governo
FS.2		**Transferências realizadas por governos estrangeiros**
FS.3		**Contribuições do seguro social**
	FS.3.1	Contribuição do empregado para seguro social
	FS.3.2	Contribuição do empregador para seguro social
	FS.3.3	Contribuição do autônomo para seguro social
	FS.3.4	Outras contribuições para seguro social
FS.4		**Pré-pagamento compulsório (exceto FS.3)**
	FS.4.1	Pré-pagamento compulsório individual/de famílias
	FS.4.2	Pré-pagamento compulsório de empregadores
	FS.4.3	Outras receitas de pré-pagamento compulsório
FS.5		**Pré-pagamento voluntário**
	FS.5.1	Pré-pagamento voluntário individual/de famílias
	FS.5.2	Pré-pagamento voluntário de empregadores
	FS.5.3	Outros pré-pagamentos voluntários
FS.6		**Outras receitas domésticas não especificadas**
	FS.6.1	Outras receitas das famílias não especificadas
	FS.6.2	Outras receitas de empresas não especificadas
	FS.6.3	Outras receitas de ISFL não especificadas
FS.7		**Transferências diretas do exterior**
Todos os FS		**Todas as receitas = Despesa Corrente com Saúde**

Fonte: OCDE/OMS/Eurostat (2011), *A System of Health Accounts: 2011 Edition*, https://doi.org/10.1787/9789264116016-en.

Tabela A A.5. Classificação dos Agentes de Financiamento (FA) que implementam Regimes de Financiamento da Saúde

Categorias de FA		Descrição
FA.1		**Governo geral**
	FA.1.1	Governo central
	FA.1.2	Governo estadual/regional/municipal
	FA.1.3	Agência de segurança social
	FA.1.9	Todas as outras unidades do governo geral
FA.2		**Operadoras de planos**
	FA.2.1	Operadoras de planos comerciais
	FA.2.2	Organizações mútuas e outras operadoras de planos sem fins lucrativos
FA.3		**Empresas (exceto operadoras de plano)**
	FA.3.1	Gestão de saúde e empresas prestadoras
	FA.3.2	Empresas (exceto operadoras de serviços de saúde)
FA.4		**Instituições sem fins lucrativos (ISFL)**
FA.5		**Famílias**
FA.6		**Restante do mundo**
	FA.6.1	Organizações internacionais
	FA.6.2	Governos estrangeiros
	FA.6.3	Outras entidades estrangeiras
Todos os FA		**Todos os agentes de financiamento = Despesa Corrente com Saúde**

Fonte: OCDE/OMS/Eurostat (2011), *A System of Health Accounts: 2011 Edition*, https://doi.org/10.1787/9789264116016-en.

www.ingramcontent.com/pod-product-compliance
Lightning Source LLC
LaVergne TN
LVHW082047051026
849532LV00011B/3514